Kreuzgänge

Orte der Meditation

REFECTORIUM
purgat

Rolf Legler

Kreuzgänge

Orte der Meditation

DUMONT

Umschlagabbildung: Fontfroide bei Narbonne, Zisterzienser-Abtei
Vorsatzseite: Belem (Lissabon), Hieronymos-Kloster
Nachsatzseite: Rom, S. Giovanni in Laterano
Seite 1: Carrión de los Contes/Burgos, Kloster San Zoilo
Frontispiz: Canterbury, Jesus-Christ-Abbey, Lageplan (Detail)

Die Deutsche Bibliothek - CIP-Einheitsaufnahme

Legler, Rolf:
Kreuzgänge : Orte der Meditation / Rolf Legler. - Köln :
DuMont, 1995
ISBN 3-7701-3586-5
NE: HST

Satz und Druck: Rasch, Bramsche
Buchbinderische Verarbeitung: Bramscher Buchbinder Betriebe

Printed in Germany ISBN 3-7701-3586-5

1 Begegnung

Der Gegensatz Le Puy – Moissac

An einem noch nebelverhangenen Vormittag im Spätmärz, als das ursprünglich dumpf-silbriggraue Nebelmeer über dem französischen Zentralmassiv sich zu lichten begann und bereits getränkt war von der stärker werdenden Sonne – noch nicht mittaggleißend, aber schon getaucht in goldenen Schimmer –, betrat ich erstmals den Kathedralkreuzgang von Le Puy. Der unmittelbare Eindruck war zugleich erdrückend und erhebend. Nie zuvor war ich einer Architektur begegnet, die zugleich so intim und doch so monumental, so sehr Garten und doch gigantisch aufgetürmter Außenbau, kleinteilig und reichhaltig polychrom gegliedert und doch einheitlich ist, antikes Erbe und Mittelalter vermischt und Abend- und Morgenland gleichgewichtig vertritt.

Nur wenige Tage später, den unzerstörbaren Eindruck von Le Puy noch in allen Sinnen, öffnet sich mir eine ganz andere Welt: Unter einem weit gespannten, wolkenlos blauen Himmel rahmen schier schwerelose Kleinarkaden mit weit ausgreifenden Kapitellen und noch weiter ausladenden Abaki auf schlanken Säulchen, nur unterbrochen durch einen einzigen Mittelpfeiler, einen weitläufigen begrünten Hof, der allein dominiert wird von einer schattenspendenden Zeder gewaltigen Ausmaßes. Hier in Moissac sind es vor allem die lichten Laufgänge, die den Gesamteindruck bestimmen; ganz zu schweigen von der Zauberwelt der faszinierenden Kapitellskulpturen, die der Stille einen Anstrich von Geschwätzigkeit verleihen. Maßvolle Sammlung und fortlaufend gemessene Bewegung, Leichtigkeit und Konzentration, Gangarchitektur und Einladung zur Meditation, alles dies zusammen kennzeichnet den Kreuzgang von Moissac.

Moissac und Le Puy, zwei Welten und doch zweimal das gleiche Architekturmotiv: Kreuzgang. Zwischen Moissac und Le Puy liegt das unüberschaubare Universum der abendländischen Klosterkreuzgänge. Die suggestive Schönheit dieser Sonderform der mittelalterlichen Klosterbaukunst wird jeden fesseln, der einmal das scheinbar unerklärbare Faszinosum dieses *intra mundum* der klösterlichen Welt erfahren hat.

Die ›Theodulf‹-Lösung

In welchem Maße die Kreuzgang-Architektur synonym für Mönchtum und monastische Architektur steht, dafür liefert P. Sudbrack in seinem 1983 erschienenen Buch »Kreuzgänge« ein vielsagendes Beispiel. Angeregt von Rilkes Gedicht »Vom mönchischen Leben«, beschloß P. Sudbrack, das Wesen und die Bedeutung des Kreuzgangs für das Mönchtum am Beispiel des erfundenen Novizen ›Theodulf‹ zu erzählen, der durch seine Begegnung mit dem Kreuzgang, dessen Funktionen, dessen Architektur, dessen Symbolik und prägende Kraft das vielschichtige Reich des Mönchseins mit den Sinnen spürbar erlebt und durchdringt: »Wichtig ist, daß die Botschaft des Kreuzgangs, des gemeinsamen Lebens vor Gott, der Hinwendung zu seiner Botschaft und des Hingehens zu Jesus hörbar, sehbar, erfaßbar wird ... es ist die Erfahrung der Mönche, die in diesen Kreuzgängen zu Hause sind.«

Dieser Kunstgriff, das Wesen des Kreuzgangs am Beispiel eines Novizen vorzuführen, ist um so bemerkenswerter, als P. Sudbrack als Jesuit einem neuzeitlichen Ordensverband angehört, der weder die *vita commu-*

Le Puy, Kathedral-Kreuzgang, Einzelarkade

nis des benediktinischen Klaustrum noch in seinen Konventsbauten den Kreuzgang als eigenständige Architektur weiter verwirklicht. Dennoch genießt auch noch für den Jesuiten Sudbrack der Kreuzgang eine exemplarische Bedeutung für abendländisches Mönchtum schlechthin.

Die ›Theodulf‹-Lösung ist aber letztendlich eine bildhafte Erklärung für den, der im engeren Sinn bereits Erfahrung mit der introvertierten Welt des Mönchtums gesammelt hat. Der an Kreuzgängen interessierte Laie wird zur Einsicht vielleicht mehr die Hilfe des Kulturhistorikers brauchen. Im nachfolgenden Text werden einzelne Formulierungen Sudbracks zitiert, um den Ausführungen Lebendigkeit und Authentizität zu geben.

Hymnen und erste begriffliche Klärung

Mittelalterliche Klosterarchitektur ohne Kreuzgang ist nicht vorstellbar. Entsprechend hoch, ja enthusiastisch klingt die Wertschätzung, deren sich der Kreuzgang als Bautypus bei den Kunsthistorikern erfreut. Der Kreuzgang sei »nach der Kirche der wichtigste Teil der Klosteranlage«, das »Kernstück der alten Anlage«, »das Herz der Gemeinschaft«, »der originellste Beitrag der monastischen Architektur«, ja er eröffne die Wege zu den großen Synthesen des 13. Jahrhunderts »wie eine Art Prolog zur Kathedralkunst«, und er verkörpere letztendlich mehr eine Lebens- als eine Architekturform.

Solche Lobgesänge scheinen doch ein wenig übertrieben, vergleicht man sie mit der vereinfachten und nüchternen Definition, die uns Viollet-le-Duc bereits 1858 von einem Kreuzgang gegeben hat: »... ein von Mauern und Laufgängen umgebener Hof neben Bischofs-, Stifts- und Klosterkirchen ... der Grundriß eines Kreuzgangs zeichnet allgemein ein Quadrat«.

Toulouse, Kapitell aus La Daurade III

2 Ordo und Ordnung

Die Voraussetzung: das klaustrale Schema

Die oben zitierte summarische Kurzdefinition vom Kreuzgang als klösterliche Architekturform ist so allgemein formuliert, daß sie zwar auf alle denkbaren Kreuzgänge aller Zeiten zutrifft, darüber hinaus aber jegliche Auskunft über Formen, Wandlungen, Funktionen und Bedeutungen schuldig bleibt. Zunächst einmal setzt der Kreuzgang einen quadratischen oder rechteckigen Hof voraus, in dem die einzelnen Laufgänge (Galerien) eingeschrieben sind. Dieser Hof setzt aber wiederum eine geschlossene Vierflügelanlage des Klosters als vorgegebene Architekturform voraus, womit bei der Frage nach Ursprung und Herkunft des Architekturmotivs Kreuzgang die Forschung konsequenterweise engstens verknüpft war mit der Frage nach der Herkunft der sog. klassischen ›klaustralen Anlage‹, auch ›benediktinisches Schema‹ genannt.

Denn zwei Grunderkenntnisse durchziehen als unveräußerliche Prämisse die Forschungsarbeiten zur Klosterbaukunst. Es sind dies zum einen die Einsicht in die intime Verbindung und innige Verkettung von Bau- und Lebensform im monastischen Bereich und zum anderen die unbestrittene Annahme, daß es speziell die benediktinische war, die diese Lebensform, die zur Ausbildung der klaustralen Anlage geführt hat, zum historisch bedeutsamen Faktor erhoben hat.

Verkettung von Lebensform und Kunstform

Bis in die frühen 80er Jahre ist die Forschung zur Klosterbaukunst davon ausgegangen, daß bereits das benediktinische Urkloster auf dem Monte Cassino eine geschlossene Vierflügelanlage mit eingeschriebenem Kreuzgang gewesen sei (Frühdatierung). Das Kreuzgangmotiv sei von den frühchristlichen Atrien (Atriumstheorie) bzw. der römischen *Villa rustica* (Villentheorie) direkt herzuleiten. Die geschlossene Vierflügelanlage hätte ihre Vorbilder in den syrischen Klöstern des 5. Jahrhunderts (Orienttheorie). Sowohl die Frühdatierung als auch die Atriums-, Villen- und Orienttheorie konnten aber einer kritischen Analyse nicht standhalten.

Da die Untersuchung der ältesten Monumentbestände, die Mittelalterarchäologie und die Quellenforschung die Existenz der klaustralen Anlage vor dem

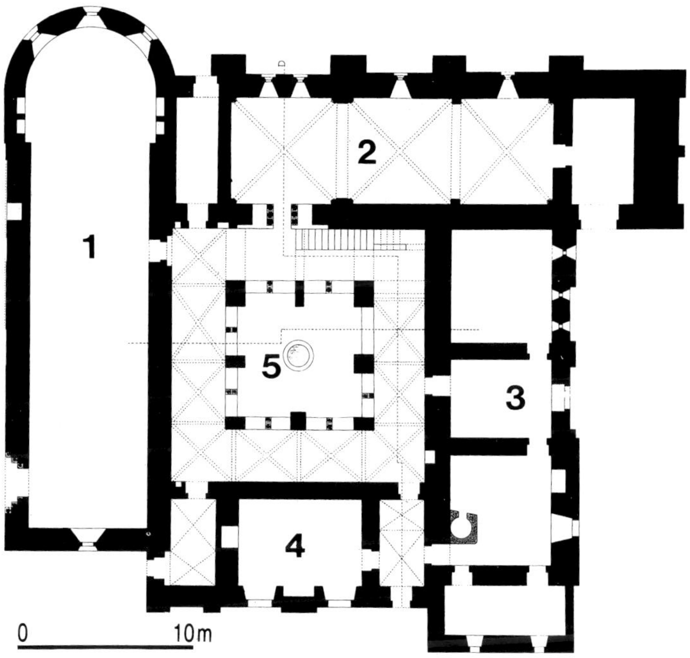

Priorat Grandmont bei St-Privat, Grundriß
1 Kirche 2 Dormitoriumstrakt 3 Refektoriumstrakt
4 Vorratstrakt 5 Klosterhof mit Kreuzgang

späten 8. Jahrhundert und damit die Herkunft des Kreuzgangmotivs nicht erhellen konnten, blieb die Forschung angewiesen auf die einzig erfolgversprechende Fragestellung nach dem inneren Zusammenhang von Lebensform und Bauform.

Doch auch die Regel des Mönchsvaters von Montecassino schwieg dazu hartnäckig. Die *Regula Sancti Benedicti*, die Regel des Hl. Benedikt, die ja keinen Gesetzestext, sondern eine Rahmenvereinbarung darstellt, eine Art Richtlinienbuch, enthält kein Bauschema, bestenfalls ein loses Bauprogramm. Dazu gehören: äußere Mauer (Klausur), Pforte, Oratorium (nur Bethaus!), Dormitorium, Refektorium, Küche, Cellerarium, Mühle, Bäckerei, Gärtnerei, Noviziat, Infirmerie, Gästehaus. Offenkundig fehlen typische Einrichtungen eines späteren Benediktinerklosters wie Kapitelsaal, Kirche, Brunnenhaus, Bibliothek und Kreuzgang.

Daß Architektur immer und in erster Linie Funktionsträger ist, dem wird niemand widersprechen. Gleichzeitig gibt es aber keine komplexe Bauaufgabe im Mittelalter, bei der Funktion, Lebensweise und Kunstform so eng miteinander verschränkt waren, wie dies bei der Klosterbaukunst der Fall ist, und zwar nicht nur beschränkt auf zeitlich oder räumlich festgelegte Intervalle des Tages, der Woche oder des Jahres, sondern vielmehr zu jeder Zeit, Tag aus – Tag ein, ein (Mönchs) Leben lang.

»Kreuzgänge führen zum Heiligtum, sie verbinden die Tagzeiten des mönchischen Lebens, Erwachen, Waschen, etc. alles wird eingesammelt auf dem Wege zum opus dei, zum Gottesdienst, dem nach Benedikt nichts vorgezogen werden soll.« Sudbrack spricht von einer »Abfolge von Räumen und Zeiten«, von einer »Dreidimensionalität von Gängen, Säulen und Gewölben und ihrem zeithaften Ausgreifen in den Lauf der Stunden, Tage und Jahre«.

Das abendländische Mönchtum bis 800

Unser vorrangiges Interesse muß demnach dem Sinn der Zusammenhänge gelten, die erkennen lassen, welche Kräfte dafür verantwortlich sind, daß eine bestimmte Kunstform zustande kommt, bzw. welche Kräfte bewirken, daß eine Kunstform gerade diese und keine andere Gestalt annimmt, so daß die Form eben jene formschöpferischen Kräfte sinnvoll repräsentiert.

Die entscheidende Frage nach dem Zusammenhang von *ordo* und Ordnung, von Lebensform und Architekturform führt uns zu der Schlußfolgerung: Da jedes Bauwerk mit jeder ihm neu zugewiesenen Funktion automatisch seine Gestalt verändert, sofern es funktional bleiben soll, würde dies bei einer frühen Annahme der klaustralen Anlage und des Kreuzganges schon in Benedikts Kloster bedeuten, daß sich seit der Gründung von Montecassino das Benediktinertum als solches nicht mehr wesentlich verändert hätte. Ein Benediktinertum, das zur Entwicklung einer klaustralen Anlage fähig gewesen wäre, hat es aber vor dem Jahre 800 nicht gegeben. Die Frage nach einer exklusiven monastischen Architektur ist für jene frühe Zeit somit abwegig. Wer vor dem ausgehenden 8. Jahrhundert, also in der Zeit der *regula mixta* (Mischregelzeit), die Existenz eines Kreuzgangs annimmt, sucht etwas, was es noch gar nicht geben konnte.

Das frühe abendländische Mönchtum orientierte sich an Vorbildern aus dem östlichen Mittelmeerraum, den Wüstenvätern Ägyptens und Syriens. Das bevorzugte bauliche Organisationssystem war das der Lauren-Anlage. Dem altgallischen Mönchtum mit Sonderformen wie Stationsgottesdienst, *laus perennis* usw., entsprach ebenfalls die Lauren-Anlage. Gleiches gilt für das irische Mönchtum. Vom martinischen, lerinischen, rhonischen, jurassischen und irischen Mönchtum war also die Entwicklung des klaustralen Schemas nicht zu erwarten.

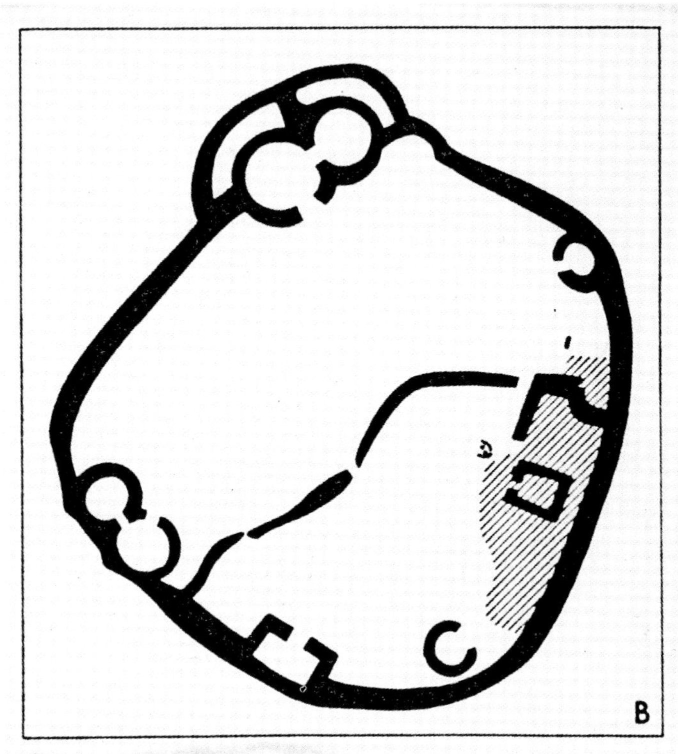

Grundriß einer irischen Lauren-Anlage

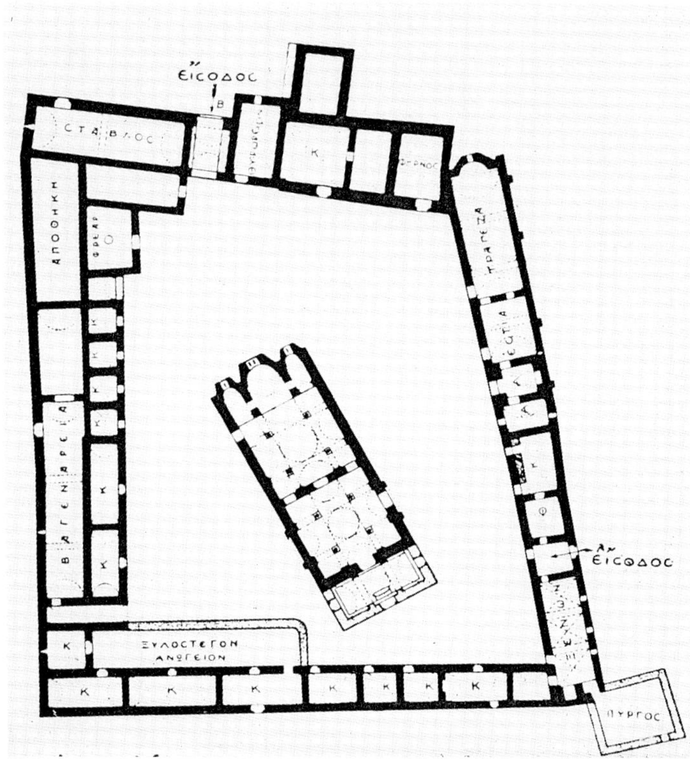

Grundriß einer orientalischen Lauren-Anlage

Von der Niederschrift der benediktinischen Regel in den 30er Jahren des 6. Jahrhunderts bis zu ihrer Durchsetzung als einziger Mönchsregel des Abendlandes im 10. Jahrhundert waren die Anhänger der Regel vom Montecassino einer Reihe von Entwicklungen und Schicksalsschlägen ausgesetzt, die sie nur schwer als Benediktiner im Sinne des Regelautors erkennen lassen. Es gab keinen Siegeszug der Regel des Hl. Benedikt, vielmehr eine Kette von Fremdbestimmungen:

Zwischen 547 und 548: Tod von Benedikt von Nursia (heute: Norcia/Umbrien).

577: Zerstörung des Klosters auf dem Montecassino durch die Langobarden.

Nach 580: Exil in Rom im Lateranspalast (aus einem Landkloster wurde ein Stadtkloster, Annahme der römischen Liturgie).

Um 594: Dialoge Gregors des Großen (der Hl. Benedikt von Nursia wird zum bedeutendsten römischen Heiligen hochstilisiert).

596: Englischer Missionsauftrag durch Gregor den Großen: die Regel Benedikts kommt dadurch nach England.

Anfang 7. Jh.: Zusammen mit der Columban-Regel Ausbreitung der benediktinischen Regel im Frankenreich. Beginn der Mischregelzeit.

Anfang 8. Jh.: Rückkehr der Regel aufs Festland durch englische Missionare, z. B. der Hl. Bonifazius.

8. Jh.: Einbindung der sog. Benediktiner in die Innen-, Kultur- und Missionspolitik der frühen Karolinger.

Ende 8. Jh.: Entbindung der Benediktiner aus der karolingischen Reichspolitik.

800–830: Anianische Reform.

821: Tod von Benedikt von Aniane.

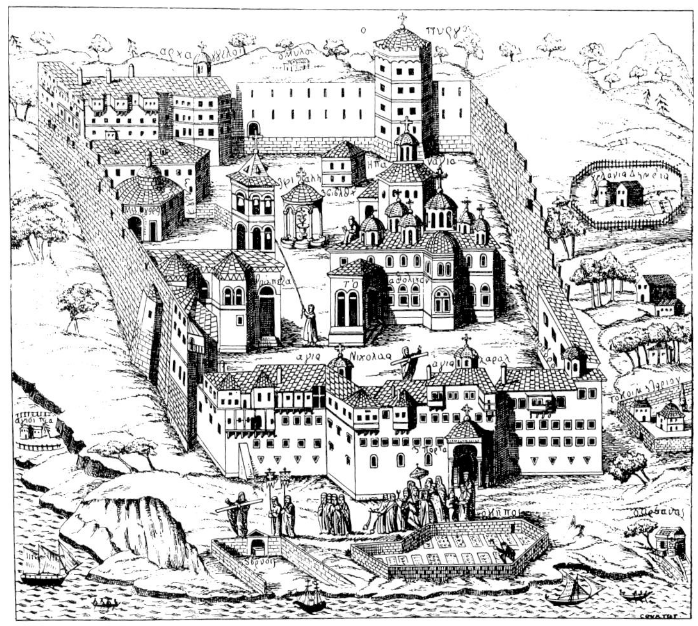

3 Die Zäsur: Die anianische Reform

Benedikt von Aniane

Während Leben und Regel des heiligen Benedikt von Nursia lediglich für die Historiker *post festum*, aber keineswegs für das abendländische Mönchtum seiner Zeit eine Zäsur bedeuteten, traf dies um so mehr für das Wirken des zweiten Benedikt, nämlich jenes von Aniane zu. Ihm schlug die Gunst der historisch günstigen Stunde. Weitgehend freigestellt von reichspolitischen Aufgaben, konnte sich Benedikt von Aniane in seinem Hauskloster am Herault im Languedoc der längst überfälligen Reform des benediktinischen Mönchtums widmen. Seine Schriften »Concordia regularum« und »Codex Regularum« sowie seine Tätigkeit als kirchlicher Berater des Erbprinzen Ludwig als König von Aquitanien prädestinierten den ehemaligen westgotischen Grafensohn Witiza für seine führende Rolle in der Klosterreform. Nach dem Tode Karls d. Gr. berief Ludwig d. Fr. eben diesen Benedikt von Aniane als Reichsabt nach Aachen, wo er auf den dortigen Reichssynoden von 816/817 der *forma unitatis* für alle Kanoniker des Reiches die Verordnung der *una regula* zur Seite stellte. Die nun erstmals historische Konturen gewinnende Verordnung der Regel des Hl. Benedikt als der *una regula*, der einzig gültigen Regel für das gesamte fränkische Reich, bedeutete uneingeschränkt einen wirklichen Wendepunkt in der Geschichte des Benediktinertums; manche Forscher verlegen die Geburtsstunde des Benediktinertums auf dieses Jahr 816.

Erste Belege für das Greifen der anianischen Reform

Bis zum Greifen der anianischen Reform zeigen allein die vier Großklöster Centula, St-Riquier, Lorsch II, Inden (Korneli-Münster bei Aachen) und Fulda, wie viele Möglichkeiten für eine abendländische Klosteranlage der erfindungsreichen karolingischen Epoche offenstanden. Während der anianischen Reform, spätestens seit der Tätigkeit des Reformklosters von Inden, scheint man sich auch mit der für das neue Benediktinertum entsprechenden Klosteranordnung beschäftigt zu haben. Ein typisches Produkt dieser reformerischen wie schöpferischen Epoche ist der sog. Klosterplan von St. Gallen. Auf diesem erscheint erstmals das Schema eines benediktinischen Idealklosters, dessen Kernpunkt, das Klausurquadrat, sich um einen ebenfalls erstmals dokumentierten Arkadenkreuzgang schart. Der Klosterplan von St. Gallen zeigt diese epochale Neuerung gleich dreimal im Aufriß: Klausurquadrat, Noviziat und Infirmerie.

Den zentralen Anliegen der benediktinischen Regel, nämlich der Klausur, dem Zönobium (Gemeinschaft) und der *stabilitas in congregatione* (lokale Fixierung auf das Kloster, in dem ein Mönch sein Gelübde ablegt), wird Rechnung getragen.

Während wir für die Zeit vor 800 keine Hinweise auf die Existenz eines benediktinischen Schemas und eines in dieses eingeschriebenen Kreuzgangs haben, häufen sich nun für das erste Drittel des 9. Jahrhunderts, also genau die Zeit der anianischen Reform, die Hinweise auf die Verwirklichung der klaustralen Anlage. Wir kennen a) einen Idealplan (der St. Galler Plan), b) zwei Schriftquellen (Beschreibung des Klosters Fontanella und den Regelkommentar des Mönches Hildemar) und c) zwei archäologische Nachweise (Lorsch II und Hersfeld), die alle die Existenz des neuen Architekturmotivs Kreuzgang belegen.

Formative Epoche

Der Fortgang der historischen Entwicklung, nämlich das Festhalten am Eigenkirchenrecht im ostfränkischen Reichsteil und die Zersplitterung bzw. Auflösung der Zentralmacht in Westfranzien, waren der Stabilisierung der Ergebnisse der anianischen Reform nicht hold. Es dauerte fast ein Jahrhundert, bis sich über ein persönlich von Benedikt von Aniane reformiertes Kloster im Jura – 910 mit der Gründung von Cluny – das reformierte Benediktinertum endgültig im Abendland durchsetzte. Ein weiteres Reformzentrum des 10. Jahrhunderts war u. a. das lothringische Kloster Gorze (930).

Gerade der Fortgang des Benediktinertums, das seit Beginn des 9. Jahrhunderts sein ideales Gehäuse gefunden hat, zeigt deutlich, daß Mönchtum im allgemeinen und Benediktinertum im besonderen keine statisch immobilen Institutionen, sondern vielmehr ständig im Wandel begriffene Bewegungen sind. Reformzentren des 11. Jahrhunderts sind Fruttuaria, Hirsau, St. Blasien, Siegburg, St. Maximin in Trier, Camaldoli, Vallombrosa, Cîteaux, Prémontré, Grandmond, Chalais, Fontevrault u. a. Alle halten sie aber, bis auf die Kamaldulenser, am Klausurgeviert mit Kreuzgang fest.

◁ *Berg Athos, Kloster Rossicon*

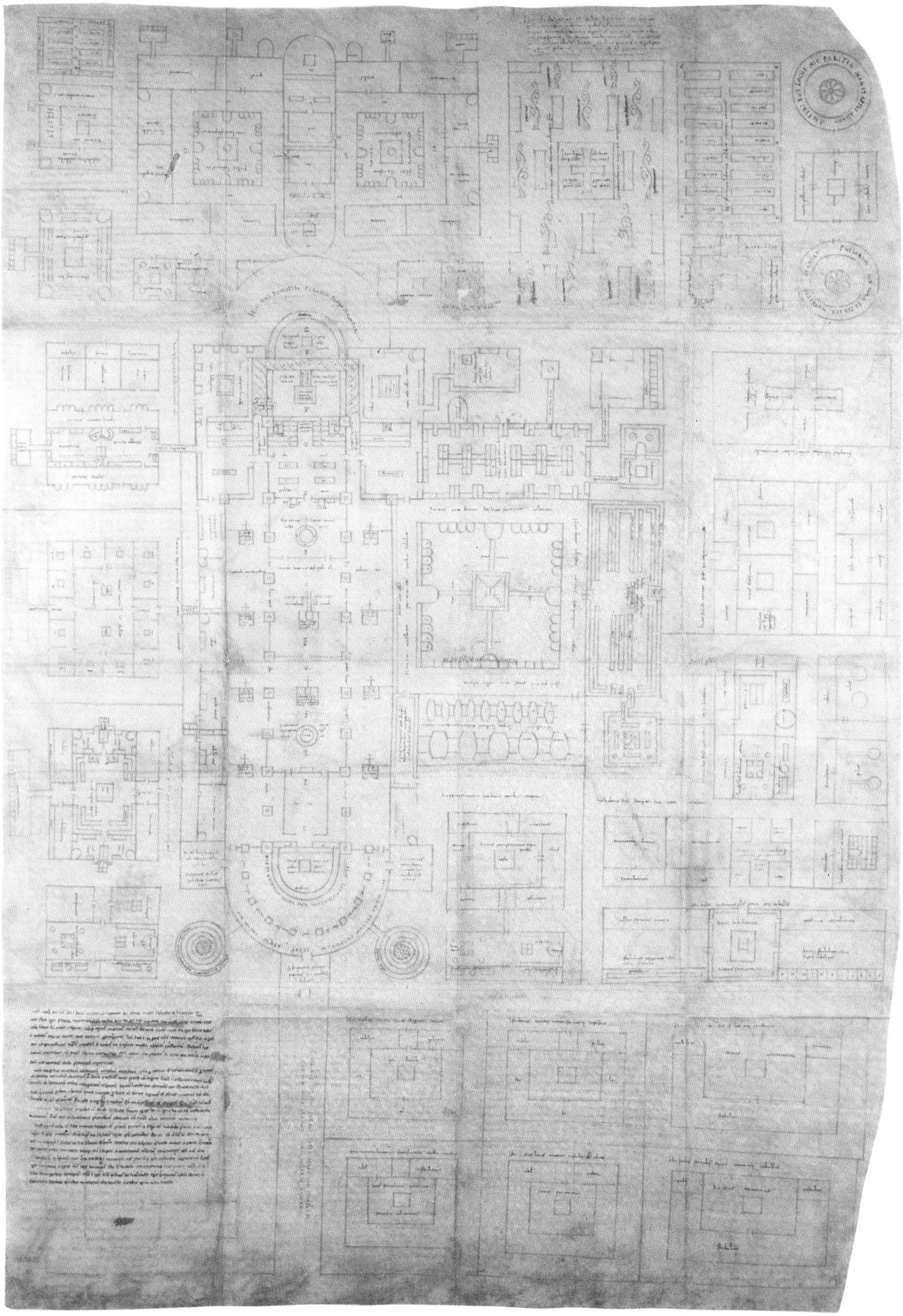

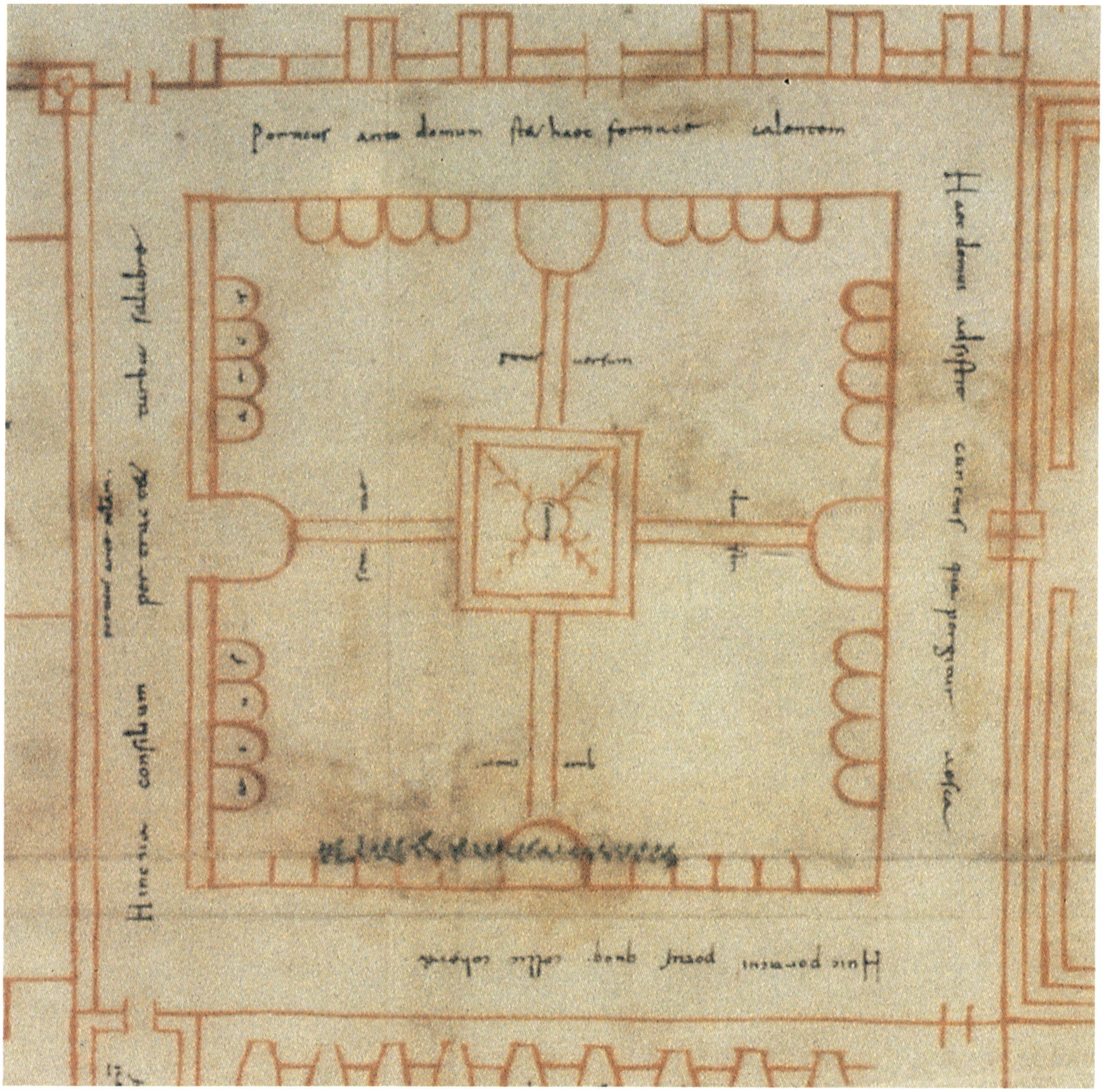

Detail des Klosterplans von St. Gallen, Kreuzgangsbereich

◁ *Klosterplan von St. Gallen*

Die kaum durch aufrecht stehende Baureste belegte Zeitspanne von 800 bis 1000 nennen wir sinnvollerweise die ›formative Epoche‹ des klaustralen Schemas und der Kreuzgangsarchitektur. Um das Jahr 1000 sind beide, Gesamtgestalt eines klassischen benediktinischen Klosters und sein Herzstück, der Kreuzgang, voll entwickelt.

4 Älteste erhaltene Beispiele und erste Höhepunkte

Die Zeit nach der Jahrhundertwende

Die beiden ältesten erhaltenen, als Kreuzgangsgalerien ausgegebenen Arkadenreihen, die von St. Pantaleon in Köln (um 960) und von St-Fortunat in Charlieu (nach 1000) sind nichts anderes als die Polyphorienöffnungen der ursprünglich dahintergelegenen Kapitelsäle. Dennoch können wir uns die Arkadenreihen der zugehörigen Kreuzgangsgalerien wohl analog vorstellen. Die ältesten erhaltenen Kreuzgangsfragmente aus der ersten Hälfte des 11. Jahrhunderts zeigen schon alle möglichen Varianten der Kreuzgangsgalerien. St-Martin-du-Canigou, um 1010: große Öffnungen, hohe Sokkelbank und durchgehende Steinwölbung. St. Simeonsstift in Trier, obere Ambite nach 1028: Kleinarkaden in Gruppen zusammengefaßt, holzgedeckt. Jung St. Peter in Straßburg, um 1030: siehe Trier. Tournus, um 1046: große Öffnungen, hohe Bank, eingestellte Halbsäulen, jochweise Einwölbung mit Kreuzgratgewölben. St-Guilhem-le-Desert, um 1050 (1. Fassung): Biforien zwischen breiten Wandkompartimenten, holzgedeckt, nachträgliche Mauerverdoppelung für jochweise Einwölbung.

Erste Höhepunkte

In der zweiten Hälfte des 11. Jahrhunderts nimmt die skulpturale Ausschmückung der Kreuzgänge (S. Isidor in Leòn) stetig zu. Im letzten Viertel des 11. Jahrhunderts entstehen bereits Prachtstücke reichskulptierter Kreuzgänge wie La Daurade I in Toulouse, Sto. Domingo de Silos (ältester Teil) und Moissac (1099 fertig).

Das folgende 12. und 13. Jahrhundert sieht dann die Kreuzgangarchitektur auf dem Höhepunkt ihrer Entwicklung: La Daurade II und III, St-Sernin, St-Etienne (alle Toulouse), Sto. Domingo de Silos (jüngere Meister), Torri (untere Galerie), Cuxa, Vaison-la-Romaine, Monreale, Arles u. a.

Vor einem weiteren Eindringen in das Geheimnis der mittelalterlichen Kreuzgänge empfiehlt sich an dieser Stelle eine kurze formale Beschäftigung mit dem Architekturtypus. Sie dient der Klärung und Vorstellung wichtiger Begriffe und konstituierender Teile.

5 Die Architektur des Kreuzgangs

Formale architektonische Voraussetzung

Zunächst einmal muß, mehr als dies bislang geschehen ist, darauf hingewiesen werden, daß die Definition des Kreuzgangs als eines mittelalterlich-monastischen Bautypus' zweischichtig zu erfolgen hat: Hof und Kreuzgangsgalerie. Erst die Entstehung der klaustralen Anlage, d. h. die Gruppierung der wichtigsten Konventsgebäude um einen zentralen Innenhof, hat die Voraussetzungen für die eigentliche Kreuzgangsarchitektur geschaffen. Rahmen und Bild sind in diesem Fall untrennbar miteinander verbunden, sind eins. Sie ergeben zusammen, was wir eine der großartigsten architektonischen Schöpfungen des Mittelalters, nämlich den klösterlichen Binnenraum, nennen möchten.

Wo eine religiöse Gemeinschaft unter zönobitisch-monastischen Vorstellungen (Regel) zusammenlebte – das traf auch auf Klerikergemeinschaften bei Kathedralen und Stiftskirchen zu –, übernahm sie nach dem Vorbild der Indener Vorstellungen (St. Galler Klosterplan) den Kreuzgang in seiner zentralen Position. Dieser eigentliche Kreuzgang wird gebildet aus vier Galerien, die sich mit jeweils einer Seite an die Hofwand der Konventsgebäude lehnen und an der entgegengesetzten Seite zum Hof hin von einem fortlaufenden System von Öffnungen durchbrochen sind. Diese vier Galerien sind durchgängig an den Ecken miteinander verbunden und bilden so ein kontinuierliches Gangsystem. Galerie und Hof sind durch eine verschieden hoch ausfallende Sokkelbank getrennt. Der Zugang zum Hof ist lediglich durch einzelne, regelmäßig oder unregelmäßig verteilte Unterbrechungen dieser ansonsten durchgezogenen Bank gewährleistet. Diese Gangarchitektur ist eine selbständige, autonome und den Konventsgebäuden vorgelegte Architektur, mit eigener Hoffassade und eigenem Dach. Je nach Betrachterstandpunkt hat diese Kreuzgangsarchitektur zwei Außenseiten.

Die Lage des Kreuzgangs im Verhältnis zur Kirche ist zunächst die Lage des zentralen Innenhofes der vorrangigen Konventsgebäude. Diese schließen sich fast ausnahmslos an eine der beiden Längsseiten der Kirche an. Da letztere normalerweise geostet ist, bleibt für Klausurquadrat bzw. Kreuzgang als topographische Normalsituation nur die Süd- oder Nordlage zur Kirche übrig.

Seit dem St. Galler Plan stellt das Quadrat die Idealform des Kreuzgangs dar. Doch die Praxis zeigt, daß diese Idealform nur bei einem Bruchteil aller Kreuzgänge verwirklicht wurde. Häufiger finden wir ein Rechteck, dessen längere Seiten jeweils parallel zur Kirche geführt werden. Auch Trapezform oder völlig unregelmäßiges Viereck sind als Grundriß durchaus verbreitet. Doch gilt seit dem Indener Modell dort, wo es topographisch möglich war, die quadratische Ausgangsform als die ideale.

Gleiches gilt auch für die Abmessungen des Kreuzganggevierts. Für die St. Galler Kopie galt als Ausgangspunkt ein Quadrat mit einer Seitenlänge von exakt 100 karolingischen Fuß. Diese Maßzahl (s. a. Regelkommentar des Hildemar) galt noch als Vorbild für zisterziensische Musterklöster (Clairvaux, Maulbronn I). Als man sich in Inden dafür entschied, dem zentralen Planquadrat der Gesamtanlage die glatte Zahl 100 Fuß zu geben, dürfte der Symbolwert dieser ›schönen‹ Zahl ausschlaggebend gewesen sein, keineswegs aber praktische Vorstellungen. Diese Zahl drückt ja etwas von der angestrebten Vollkommenheit aus. Sie konnte freilich keineswegs verbindlich oder vorbildlich sein, und sie war es auch nicht, wie die erdrückende Zahl der vielen erheblich kleineren Kreuzgänge der Nachfolgezeit ganz klar belegt.

Konstituierende Bestandteile: Bank, Bedachung, Art der Öffnungen

Von all den Determinanten, die den Kreuzgang als eigene und besondere Architektur ausweisen, ist das entscheidende Motiv die Bank, die Hof und Gang trennt. Schon Viollet-le-Duc hatte die Rolle der Bank als das praktisch bestimmende Charakteristikum des mittelalterlichen Kreuzgangs ausgemacht – neben der Kürze der Arkadenstützen. Daß diese Stützen aber so kurz und klein ausfallen, ist ja gerade durch die Höhe der Bank, auf der sie stehen, bedingt. Wann, wo und weshalb dieses Motiv in die Kreuzgangarchitektur eingeführt wurde, wissen wir nicht. Der Aufriß im St. Galler Plan zeigt sie noch nicht. In den beiden ältesten ergrabenen Fällen eines geschlossenen Klosterhofes, in Lorsch und Inden, sind Fundamentmauern gesichert. Zwei getrennte Möglichkeiten der Entstehung sind denkbar. Im Falle von Lorsch II und Inden wurde offensichtlich später durch Vergrößerung der Lichtöffnungen zum Hof hin die Restmauer reduziert auf eben diese Sockelbank. Im anderen Fall, ausgehend von der Stützenfolge auf dem St. Galler Plan, wurde nachträglich aus praktischen und didaktischen Gründen diese Sockelbank eingeführt, wohl um das freie Zirkulieren zwischen Hof und Gang zu verhindern. Der Gangcharakter der Laufgalerien sollte wahrscheinlich funktional und architektonisch gesichert werden. Festzuhalten bleibt, daß vom ältesten erhaltenen Kreuzgang in St-Martin-du-Canigou bis ins 15. Jahrhundert mit gerade absoluter Verbindlichkeit an dieser Sockelbank festgehalten wurde, und zwar dermaßen konsequent, daß ihr Wegfallen, ihre Auflösung, zum Kennzeichen für den Niedergang der Kreuzgangsarchitektur und im übertragenen Sinne zum Symbol für den Niedergang des mittelalterlichen Klosterwesens werden konnte. Betrachten wir Hof und Kreuzgang in ihren fundamentalen Funktionen, so fällt auf, daß sich im Kreuzgang, und zwar innerhalb der Galerien, alle bekannten Aufgaben und Tätigkeiten vollziehen: Weg-Architektur, Verteilersystem, Aufenthaltsraum, Wetterschutz – alles trifft auf die Laufgänge, die Galerien zu. Auch für die profanen Tätigkeiten (siehe S. 23 ff.) sind die Gänge selbst vorgesehen. Keine einzige mönchische Verrichtung findet im Hof statt. Dieser hat keine Funktion, ist Freiraum ohne eigentliche Zweckbestimmung. Durch die Hof und Gang trennende Sockelbank wurde der Kreuzgang zu einem neuen, in der Benediktus-Regel nicht vorgesehenen, aber inzwischen unverzichtbaren Konventsgebäude.

Von seiner ureigensten und ersten Bestimmung her hat der Kreuzgang Klima- und Wetterschutz zu sein, d. h. er ist ein überdachter Weg. In südlichen Ländern hatte er doppelt zu schützen, vor Sonne und vor Regen. Als gedeckter Weg ist der Kreuzgang typologisch ein entfernter Nachfahre antiker Wegarchitekturen. Die ursprünglichste Form der Bedachung war die eines auf hölzernen Gerüsten ruhenden, impluvial zum Hof hin angeordneten und mit Ziegeln gedeckten Pultdaches. Diese Form der Bedachung blieb auch noch in späteren Epochen, als die Einwölbung ihren Siegeszug ansetzte, gleichberechtigt und häufig. Der hölzerne Dachstuhl hatte natürlich Konsequenzen für das tatsächliche Aussehen des hofseitigen Stützensystems. Offensichtlich sehr schnell hat man die für Lorsch und Inden anzunehmende durchfensterte Wand zugunsten einer leichtfüßigen und bewegten Anordnung von Einzelstützen in Form von Pfeilern und Säulen aufgegeben. Erst durch diese Entscheidung gewinnt der Kreuzgang für seine Fassadenbildung die Eleganz und Variationsbreite, die ihn zum bevorzugten Medium architektonischer Schönheit erhebt.

Der Gestaltungsspielraum, der sich durch die älteste Form der Bedachung bedingt, erfährt eine spezifische Einengung durch die Entscheidung für die Einwölbung. Die Bedachtung der Kreuzgangsgalerien mit Steindekkung ist dauerhafter und standfester, bedingt aber besondere Konsequenzen für die Fassadengestalt. Die ältesten erhaltenen Beispiele von eingewölbten Kreuzgängen gehören ausnahmslos dem Verbreitungsgebiet des sog. *premier art roman* (sog. erste romanische Kunst. Anfang dieses Jahrhunderts von Puig y Cadafalch in die Kunstwissenschaft eingeführter Begriff) an: St-Martin-du-Canigou, Tournus und St-Guilhem-le-Desert. Die Steinwölbung ihrerseits bedingt ein eigenes System von Öffnungen und Stützen. Die durchgehende Steintonne erzwingt in bestimmten Abständen die Einführung kräftiger Mauerstreben an der Hofseite, was zu Gruppierungen in Form von Polyphorien führt. Die jochweise Einwölbung bedingt die Fassadenform von wiederum uniform durchlaufenden, nun aber größeren Öffnungen zwischen den kräftigen Stützpfeilern.

Die Fassade des Klosters ist eine nach innen gekehrte. Ihre Gestalt wird bestimmt durch den Kreuzgang; dieser ist das Hauptmotiv der inneren Fassade. Sie wird optisch bestimmt von der Gestalt und dem Rhythmus der Öffnungen. Diese wiederum können die unterschiedlichsten Formen annehmen. Höhe der Bank, Abstand der Stützen voneinander, Art der Stützen, Größe der Öffnungen, Arkadenbögen und Architravabschluß, regelmäßig durchlaufende Stützensysteme oder rhythmische Gruppierungen, alles dies sind wesentliche Elemente, die das charakteristische Gesicht eines jeden Kreuzgangs bestimmen.

Benediktinische Klosterbaukunst des Mittelalters ist immer maßvolle Architektur, ist Ausdruck eines neuen, christlichen Humanismus. Der Mensch ist wieder das Maß aller Dinge. Ihre glücklichste Ausformung fand diese Lebenshaltung in der Gestalt des Klaustrums, dessen bestimmendes, ja herausragendes Motiv der Kreuzgang ist. Von der Gigantomanie mancher Kirchenbauten (z. B. Cluny III) wurde der Kreuzgang eigentlich nie beeinflußt, zumindest nicht bis zum 16. Jahrhundert. Der Grund war einfach darin zu suchen, daß die Benediktiner dort, wo sie ungestört waren, im Herzen der klaustralen Anlage, sich selbst als Modul ihrer Behausung nie aufgegeben haben. Der Kreuzgang blieb bei aller luxuriösen Ausstattung in seinen Dimensionen menschenbezogen, selbst dann, wenn mehrere Galerien übereinander gelegt wurden. Bestimmendes Element der Kreuzgangsfassade war die harmonische Aneinanderreihung edler Kleinformen, die in ihrer Vertikalität der flachgestreckten Ausbreitung der vorgelegten Gangarchitektur ästhetisch entgegenwirkten.

Bei gleichzeitigem Vorkommen von architravgedeckten Holzkreuzgängen, von Steinarkaden mit Holzbedachung und vollständig in Stein errichteten Kreuzgängen ist die ideale Form des Kreuzgangs in der Zeit seines Höhepunktes im späten 11. und 12. Jahrhundert die der kontinuierlichen Arkaden- und Säulenfolge. Es muß aber mit Nachdruck darauf hingewiesen werden, daß diese durch die Sockelbank entschieden kleinere Form der Säulen und Arkaden im höchsten Maße unantik, also rein mittelalterlich ist. Die Monumentalität antiker Portikus-Architektur geht verloren. Für die dahinterliegenden Konventsgebäude besitzt aber die vorgelegte Arkadenarchitektur eine sowohl harmonisierende als auch einende, also ästhetische Funktion.

Der mittelalterliche Kreuzgang in seiner idealen Form erfüllt innerhalb der Klosterbaukunst, ohne selbst antikisch zu sein, für die Konventsgebäude das, was die Säulen des griechischen Tempels bewirken: Er

Zisterzienserkloster Le Thoronet, Provence

erst verleiht, von innen her gesehen, der Vielfalt der Klausurgebäude die Würde und architektonische Einheit, er vereint die divergierenden Richtungen der Klosterbauten zu einer geschlossenen Anlage. Der mittelalterliche Kreuzgang ist, dem Geist seiner Schöpfer entsprechend, gleichsam die introvertierte *Peristasis* des Klosters. Der Introvertiertheit des Mönchslebens entspricht die monastische Architektur, die ihre Fassade nach innen kehrt. Das Kloster ist keineswegs eine von außen zu betrachtende, plastisch empfundene Architektur, wie der griechische Tempel, sondern Gestaltung eines mit dem täglichen Leben der Mönche ausgefüllten Raumes – eben als Vollzugskunst.

Semur-en-Auxois, Kollegiatskirche Notre Dame

Grundformen, Abweichungen in Topographie und Grundriß und falsche Kreuzgänge

Echte Kreuzgänge

Wir verstehen unter einem echten Kreuzgang, daß das rechteckige System der Laufgänge eine eigenständige, autonome Architektur bildet, so wie die Konventskirche oder der Dormitoriumstrakt für sich ebenfalls selbständige Bauten sind. Auch der Kreuzgang hat eine eigene Fassade und ein eigenes Dach. Daß er sich mit der hofabgewandten Seite an die den Hof bildenden Konventsgebäude anlehnt, schmälert keineswegs seine Autonomie als eigenständiger Bau. Allein mit den beiden Kriterien, dem der Art der Bedachung und dem der Ein- bzw. Mehrstöckigkeit, lassen sich fünf Grundformen bestimmen, die – zusätzlich zum stark variierenden System der Öffnungen bzw. Stützen – eine relativ umfassende Darstellung der Morphologie und des Gestaltwandels des Kreuzgangs als Bautypus gestatten.

1. Mediterraner Typ: ebenerdig den Konventsgebäuden vorgelegte Galerien mit zum Hof hin *impluvial* angeordnetem Pultdach.
2. Der Polyforien-Kreuzgang: einstöckiger gewölbter Kreuzgang mit unterteilenden Mauerstreben und dazwischen angeordneten mehrbogigen Arkadengruppen (Biforien, Triforien, Quadriforien → Polyphorien). Ältestes erhaltenes Beispiel: St-Guilhem-le-Desert.
3. Der holzgedeckte mehrgeschossige Kreuzgang.
4. Der steingewölbte mehrstöckige Kreuzgang.
5. Gemischtgedeckter mehrgeschossiger Kreuzgang, meist steingewölbt im Erdgeschoß und holzgedeckt in den Obergeschossen.

Abweichungen und Sonderformen:
Aus orographischen Gründen konnte bisweilen der Kreuzgang nicht direkt an die Kirche angelehnt (Conques, Aix) oder vollständig ausgeführt werden (Serrabonne). Bei gotischen Kirchen verhinderten oft die Seitenkapellen und Strebepfeiler den Kirchenflügel. Ebenfalls geländebedingt sind Abweichungen im Grundriß wie fünfeckige (S. Maria Maggiore in Cividale) oder dreieckige (S. Agostino in Genua) Kreuzgänge. Gleiches gilt bisweilen für in Kirchenachse gelegene Kreuzgänge, so in Groß-Komburg, Kastl, Nonnberg oder Assisi. Geldmangel und lange Bauzeiten ließen oft unvollständige Kreuzgänge zurück. Andere Abweichungen ergeben sich aus ordensbedingten Besonderheiten, z. B. das *claustrum majus* bei den Kartäusern.

Der falsche Kreuzgang
Synchron zu den ersten Anzeichen einer laizistischen Entwicklung in der Kreuzgangsarchitektur im 13. Jahrhundert taucht plötzlich eine neue Form von Klosterhöfen auf, eine Mischung aus Kreuzgang und profanem Innenhof, der sog. falsche Kreuzgang. Sein hervorstechendes Merkmal ist sein Autonomieverlust. Der Laufgang bildet keine eigenständige Architektur mit eigenem Dach und eigener Fassade mehr, sondern ist einbezogen in die den Hof begrenzenden Konventsgebäude; er ist selbst kein Konventsgebäude mehr, sondern Teilraum der anderen Konventsbauten. Der falsche Kreuzgang kommt praktisch nur in mehrgeschossigen Bauten als ebenerdiger Arkadengang vor. Die Fassade des falschen Kreuzgangs ist somit ein Teil der Hoffassade der umstehenden monumentalen Bauten. Sein frühestes Erscheinen ist im französischen Raum erst nach 1200 (Bischofspalast in Laon) festzustellen. Ein frühes Beispiel im 12. Jahrhundert haben wir mit S. Lorenzo fuori le mura in Rom.

Die Entstehung der falschen Kreuzgänge (bei gleichzeitiger Verkümmerung oder Auflösung der Bank) steht am Anfang der Entwicklung der Rückführung der mittelalterlichen, von der Gestalt des autonomen Kreuzgang bestimmten Form des Hofes in die des profanen Arkadenhofes. Noch lange bevor es zu dieser Niedergangsphase, zur Profanierung der Kreuzgangsarchitektur im florentinischen Quattrocento, kommt, erlebt diese zutiefst monastische Bauweise ihre heute nur noch ansatzweise nachvollziehbare profunde Verinnerlichung. Wie sich diese vollzog, soll nachfolgend angedeutet werden.

6 Verwirklichung rein monastischer Ziele durch die Architektur in vier Stufen

Erste Stufe: funktionaler bzw. instrumentaler Wert

Zehn Charakteristika des Benediktinertums, die aus der Regel selbst heraus lesbar und somit für die Gestalt des Klosters indirekt mitverantwortlich sind, können festgestellt werden. Auf dem St. Galler Plan können wir alle zehn unschwer wiederfinden. Dem Weltfluchtgedanken, der zur Klausur und damit zur Ausbildung der klaustralen Anlage führen mußte, ist sorgfältig Rechnung getragen. Nimmt man die sicher vorgesehene, aber wahrscheinlich aus Platzmangel nicht mehr eingezeichnete äußere Umfriedungsmauer des Klosterbezirkes als gegeben an, so vollzieht sich innerhalb dieser nochmals ein ausgeklügeltes System von Abgrenzungen. Zwischen Zugang zur Kirche und Stallungen, zwischen Pilgerunterkunft und Wirtschaftstrakten sowie zwischen Gästehaus und Kirche im Süden und äußerer Schule im Osten sind ebenfalls Trennmauern eingezogen. Auch noch zwischen äußerer Schule und Kirche sowie Abtshaus ist eine solche vorgesehen. Erst im zentralen, östlichen und südlichen Bereich der Anlage, demjenigen, der allein und ausschließlich den Mönchen zugänglich war, treten diese Abtrennungen in den Hintergrund bzw. verschwinden fast vollständig. Wie ein zusätzlich schützender Wall legt sich die Gesamtheit der Werkstätten, Stallungen, sozialen Einrichtungen usw. vollständig um das Herzstück der Klosteranlage, den eigentlichen Klausurbereich, das Klaustrum. Dieses bildet durch seine Anordnung selbst nochmals eine undurchdringliche letzte Abgrenzung von der Außenwelt. Alle die Klausur bildenden Konventstrakte sind nur von innen, d. h. vom quadratischen Hof her zugänglich.

Der entscheidende Faktor dieser Anlage aber ist die Verwirklichung des Zönobiums. Die wichtigsten Baulichkeiten des Klausurbereiches sind dergestalt, daß Beten, Schlafen und Essen in Gemeinschaft geschehen können. Die Diversität der zu verrichtenden Arbeiten verbietet von selbst, daß diese in ihrer Gesamtheit gleichzeitig und gemeinsam ausgeführt werden. Nur die Arbeit trennt die gesamte Gemeinde vorübergehend, aber auch nicht total, da viele Beschäftigungen ihre Verrichtung durch mehrere Mönche voraussetzen oder ermöglichen, z. B. in Küche, Skriptorium, Infirmerie, Garten usw.

Selbst für die Zeit vor, außerhalb und nach dem Mönchsleben ist die Gemeinsamkeit der grundlegende Gedanke. Die Architektur ermöglicht dies nicht nur, sondern erzwingt dies ›förmlich‹. Noviziat und Infirmerie sind Nachbildungen des großen Klaustrums *en miniature*. Der Neuling und Anwärter auf den Mönchsstand wird durch die vorgegebene Architektur auf das Zönobium vorbereitet. Der Kranke und Gebrechliche soll nicht allein sein, sondern weiter zur Gemeinschaft gehören. Nicht einmal der Tod vermag diese eingeschworene Gemeinschaft vollständig zu trennen. Seite an Seite, jeder in seinem Bett, wie vormals im Dormitorium, warten die Leichname auf die leibliche Auferstehung.

Die aufwendige bauliche Verwirklichung der Gebäude für Klausur, Zönobium, Noviziat, Infirmerie und Friedhof, von der Aufnahme bis zum natürlichen Ausscheiden aus der Gemeinschaft, hat nur einen Sinn, wenn die Unverläßlichkeit des Klosters, die *stabilitas in congegratione*, nicht nur gefordert sondern auch tatsächlich gelebt wird.

Das von der Regel in deren verschiedenen Kapiteln vorgeschriebene bzw. anempfohlene Bauprogramm ist getreulich eingehalten. Nichts ist vergessen. Einiges, was die Regel selbst noch nicht vorgesehen hatte, aber durch den Alltag im Kloster und später hinzugekommene Traditionen bzw. Aufgaben unverzichtbar geworden war, hat der für die Auslegung der Regel verantwortliche Reichsabt Benedikt von Aniane hinzugefügt, z. B. Trennung von Gästehaus und Pilgerunterkunft, äußere Schule, Wärmeraum, Brauerei und Kreuzgang.

Den manuellen Tätigkeiten der benediktinischen Mönche hat Benedikt von Aniane den jeweils nützlichen wie sinnvollen Raum zugewiesen. Den störungsfreien Ablauf der sich wechselweise vollziehenden Tätigkeiten hat der Schöpfer des Planes mit der durchdachten Anordnung und Zuordnung dieser Einzelräume garantiert. Wesentliche Änderungen waren für das folgende halbe Jahrtausend nicht mehr nötig.

Größe und Gestalt der Kirche verraten ein Doppeltes: zum einen den auch von Benedikt von Aniane nicht wieder gänzlich rückgängig zu machenden Einfluß der vorangegangenen Mischregelzeit und zum anderen den tatsächlich realisierbaren Einfluß dieses mächtigsten aller Äbte seiner Zeit auf die Gestalt des Gotteshauses. Aus dem Oratorium ist eine Kirche geworden, das benediktische Mönchtum ist ein priesterliches geblieben.

Aber vergleicht man die Klosterkirchen von St-Riquier und Lorsch, so ist der vollzogene Gestaltwandel doch auffällig. Von der Menge einzelner Kirchen und Oratorien ist eine allein übriggeblieben. Die gleichen Vereinheitlichungsbestrebungen erkennt man an dem Doppeloratorium der zwei Kleinklöster im Kloster, des Noviziats und der Infirmerie. Die Klosterkirche des St. Galler Plans hat das »Endziel der völligen räumlichen Vereinheitlichung«, den Weg von der Kirchenfamilie zur Kathedrale, als eine der ersten praktisch verwirklicht. Alle Altäre und in St. Gallen Verehrung findenden Patrozinien sind in einem einzigen Kirchenraum zusammengeschlossen. Der Wegfall von aus herrscherlichem Willen entstandenem Westwerk, Verzicht auf Westfassade und Atrium und Ausmerzung langer, überdachter Prozessionswege enthüllt, was Erdmann und Badstübner so treffend erkannt und formuliert haben, daß nämlich »die Kirche des Klosterplans von St. Gallen monastischer Reformatio näher als imperialer Renovatio« steht, daß sie »gar nicht höfisch, sondern streng benediktinisch gedacht ist« (Badstübner). Um wieviel mehr gilt diese Erkenntnis auch für die gesamte Klosteranlage. Nie vorher ist ein ganzes Kloster so rein benediktinisch zu gestalten versucht worden. Das Ausscheiden des Wandergottesdienstes und der damit verbundenen ausgedehnten pompösen Prozessionen wird beim Betrachten des St. Galler Plans sofort augenscheinlich. Für die an hohen kirchlichen Feiertagen nach wie vor stattfindenden Prozessionen genügen die Kirche und der Kreuzgang, der einen neuen Architekturtypus einführt. Das strenge Klausurgebot verbietet ja sogar das prozessionsbedingte Hinausschreiten aus dem mönchischen Lebensraum. Die Einführung des Kreuzganges als internem Prozessionsweg entspricht vollständig der durch die Reform angestrebten und erneuerten ›inneren Emigration‹ des Mönchtums.

Der Arbeit ist sowohl innerhalb der strengen als auch in der erweiterten Klausur des neuen Klostertyps wieder angemessen viel Platz eingeräumt. Auch hier genügt ein Blick auf die Gebäudeaufteilung des Idealschemas.

Gewiß hat Benedikt von Nursia an die Stelle der Askese die Arbeit gesetzt. Der sittliche Wert der Askese war unbestritten, ihr haftete Bußcharakter an. Aber für Benedikt von Nursia war Arbeit mehr als Buße, nämlich ein Teil der irdischen Verwirklichung der Heilsordnung. Es war kein Austausch von Arbeit gegen Askese, sondern eine Entscheidung gegen die Askese mit ihrem Bußcharakter und für die Arbeit als notwendigem und höchst sinnvollem Teil des menschlichen Lebens.

Keineswegs nur der utilitaristische Gedanke, daß die Arbeit letztendlich die zur Verwirklichung der Klausur notwendige ökonomische Autarkie der Klostergemeinde praktisch erst garantiert (»Ecce labora, et noli contristari« – »Da hast du Arbeit, und keine Widerrede!« Gregor d. Gr.), sondern darüber hinaus die bereitwillige Hinnahme der damit verbundenen körperlichen Unbequemlichkeit als Teil der Heilsordnung waren es, die Kräfte freisetzten, die den Ertrag dieser sittlich überhöhten Arbeit im Vergleich zur Fron- oder Lohnarbeit so erfolgreich machten. Durch die Identität von Handeln, Denken und Fühlen wurden die Benediktiner für die ausschließlich religiös orientierten Menschen des Mittelalters vorbildlich. Als dann später die Zisterzienser die Arbeit erneut in den Vordergrund rückten – gegen die liturgische Übersteigerung der Clunyazenser –, haben sie dies tatsächlich ausschließlich unter dem Askesegedanken getan. Sie hatten Benedikts Anweisung »nihil asperum, nihil grave« (Nichts Hartes und Schweres) vergessen. Ihre Arbeit war erfolgreich, aber unwürdig, und deshalb nicht auf die Allgemeinheit übertragbar. Die Bettelorden als Antipoden konnten von diesem zisterziensischen Antihumanismus zehren. Aber auch deren Verachtung der Arbeit vermochte keine Impulse für ein neues Arbeitsideal zu geben. Man war bereits zu sehr abgerückt von Benedikts weiser Entscheidung und eingebunden in den unaufhaltsamen Prozeß der Profanierung. Aber in Benedikt von Anianes Reformwerk stand die von Benedikt von Nursia gemeinte Arbeit noch ganz sinnvoll eingeordnet. Der Plan von St. Gallen ist ein Beweis dafür. Etwa die Hälfte der Baulichkeiten und Einrichtungen des St. Galler Schemas sind der Arbeit eingeräumt.

Auch für die benediktinische Grundhaltung von »Maß und Mäßigung«, oder anders ausgedrückt Disziplin und Humanismus, steht das St. Galler Schema als Garant. *Disciplina*, die grundrömische Tugend, durchwirkt jeden Zentimeter dieses Planes. Das orthogonale System ist bestimmend. An alles ist gedacht, nichts ist vergessen. Es herrscht wohldurchdachte Ordnung, das geometrische Zentrum eines für ca. 100 Mönche gedachten Klosters ist ein Quadrat mit 100 Fuß Seitenlänge. Auch die Maße sind also zueinander in Bezug gesetzt und in eine erkennbare Ordnung gebracht. Regel und Form, Ordo und Ordnung sind eins auf dem St. Galler Plan.

Das benediktinische Mönchtum ist weder weltfremd noch menschenfeindlich. Im Gegenteil. Der Abschluß von der Welt kann nicht total sein. Wer wirklich wie die Benediktiner ein Leben in der Nachfolge Christi führen will, kommt am höchsten Gebot, der Nächstenliebe, nicht vorbei. Gastfreundschaft, Mildtätigkeit, Offenheit für jene, die sich ebenfalls für diesen Wege entscheiden möchten, und Zugänglichkeit der Klosterkirche auch für Laien können eine ernsthafte Bedrohung der strengen Klausur bedeuten. Aber der Autor des Planes hat wirklich an alles gedacht. Zieht man durch den Mittelpunkt der Kirche, die ja zur Hälfte den Laien und zur anderen Hälfte ausschließlich den Mönchen geöffnet ist, eine gedachte Diagonale von Nordost nach Südwest mit einer Neigung von 45 Grad, dann finden sich an dieser Diagonalachse nordwestlich davon all jene Gebäude gespiegelt, die den Laien ganz oder teilweise zugänglich sind, und südöstlich davon alle jene Gebäude, zu denen ausschließlich die Mönche Zutritt haben. Also nur die Hälfte des St. Galler Planes ist der Mönchsklausur gewidmet. Auch hier muß man wieder mit Staunen ausrufen: Welche Ordnung, welche Mäßigung!

Auch das Fortschreiten der Öffnung nach außen bzw. umgekehrt, die Annäherung an den Klausurbereich, ist wohldurchdacht und streng hierarchisch aufgebaut. Vom Westen kommend, sind es die seelenlosen Geschöpfe, die als gezähmte Tiere zum Haus der Mönche gehören und darin nützliche Dienste verrichten. Es folgen die Stätten der Speisung und Unterkunft für die Laien: nördlich der Kirche, also weiter von der Klausur entfernt für alle jene, die aus irgendwelchen profanen Gründen unterwegs sind und im Kloster Speis und Logis gesucht haben, und südlich der Kirche – direkt der Klausur benachbart – jene, die aus religiösen Beweggründen unterwegs sind, nämlich die Pilger. Buße und Heiligenverehrung sind deren Motive, und

Soissons, St-Jean-de Vigne

deshalb verdienen sie die größere räumliche Nähe zum inneren Kloster. Ebenfalls näher, weil östlicher vom Klostermittelpunkt gelegen. findet sich das Gebäude derer, die bereit sind, sich die von den Mönchen gelehrten Kulturtechniken und die Kenntnisse der Heiligen Schrift anzueignen. Erst nach der äußeren Klosterschule kommt am östlichen Punkt innerhalb des Klosters, bis wohin den Laien vorzudringen gestattet war, das Abtshaus. Dieses bildet die letzte Grenze zwischen äußerem und innerem Kloster. Betrachtet man also Punkt für Punkt jene zehn Charakteristika des benediktinischen Mönchtums und vergleicht sie mit dem Klosterplan von St. Gallen, so erkennt man leicht, daß sie alle ihren Niederschlag im Idealschema in Form der entsprechenden Gestalt und Lage gefunden haben. Sogar die unscheinbare Vorschrift an die Adresse des Cellerars hat für das ganze Kloster Anwendung und Berücksichtigung gefunden: »nihil ducat neglegendum« (nichts soll er [der Kellermeister] nachlässig behandeln).

Das Abbild des Klosters in Gestalt des Idealplanes entspricht bis ins letzte Detail der Vorstellung des Regelautors, so daß das Aufbewahrungsgehäuse ›Instrumente der guten Werke‹ voll und ganz die Forderung erfüllt: »Oficina vero ubi haec omnia diligenter operemur claustra sunt monasterii et stabilitas in congregatione«. (Die Werkstatt aber, in der wir das alles gewissenhaft üben sollen, ist die Abgeschlossenheit des Klosters und das treue Ausharren in der Gemeinschaft.) Der Idealplan der anianischen Reform ermöglicht, erleichtert und erzwingt durch seine Form und Gestalt die Handhabung der *instrumenta bonorum operum*. Er bildet eine Art ›optischer Consuetudo‹, die der geschriebenen ergänzend an die Seite gestellt ist. Das Kloster auf dem St. Galler Plan ist tatsächlich zum vollkommenen Instrument der Verwirklichung der Klosterregel gestaltet.

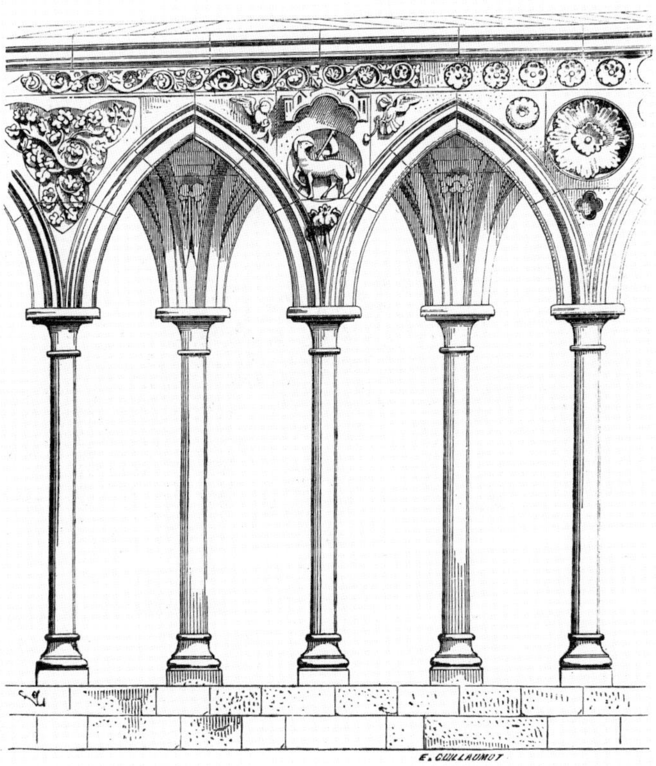

Mont-St-Michel, La Merveille

Zweite Stufe: Pädagogisch-didaktischer Wert

In dem Maße, wie die Gestalt des Klosters die Ausübung der Regel, das Leben nach der Regel nicht nur gestattet, sondern geradezu erzwingt, tut sie automatisch das gleiche wie die Regel selbst, sie erzieht, bzw. ist ein Teil der täglichen Erziehung. Regel, Gestalt des Klosters und Erziehung in der und durch die Regel finden ihr Ziel nicht in sich selbst, sind nicht Selbstzweck. Regel und Baugestalt sollen helfen das richtige mönchische Leben zu verwirklichen. Mönchtum aber ist Gottesdienst. Das Kloster ist eine Schule für den Dienst des Herren. Wortwörtlich dies und nichts anderes war es, was der Hl. Benedikt von Nursia mit der Errichtung seines Klosters beabsichtigte: »Constituenda est ergo nobis dominici scola servitii« (Wir wollen also eine Schule für den Dienst des Herrn gründen). Der tatsächliche Wert einer erzieherischen Maßnahme bzw. eines Erziehungsmittels läßt sich aber erst dann ermessen, wenn sie in Beziehung gesetzt ist zu dem angestrebten Erziehungsziel. Dieses war die Verwirklichung des idealen Mönchtums. Welche Vorstellungen bestanden aber im Mittelalter, genauer zur Zeit Benedikts von Aniane, vom idealen Mönchtum?

Wir können hier nicht alle Vorstellungen, die sich das Mittelalter vom Mönchtum gemacht hat, vortragen und untersuchen. Einige speziell, wie die von der *vita angelica* und vom *claustrum animae* wären in Beiträgen zur Raumschöpfung und Ikonologie gesondert zu behandeln. Wir wählen hier einige Aspekte, wie sie Hallinger aus Odos »Occupatio« herausgefiltert hat.

Die monastische Religio ist nicht dogmatisch aufgebaut, sie verfolgt praktische Ziele. Askese und Disziplin sind sittliche Leistungen, über die eine Annäherung an Gott auf Erden bereits stattfindet; d. h., das Kloster ist nicht ein Ort der Gottsuche – jeder Mönch hat Gott längst für sich gefunden –, sondern eine Stätte der Gottesnähe. Diese erstreckt sich nicht nur auf die Kirche, sondern auf das ganze Kloster, zumindest den ausschließlich von den Mönchen bewohnten Teil der inneren Klausur. Die Unterscheidung in Profanbauten und Sakralbauten bei der Klaustralanlage des klösterlichen Kernbaus geht am Wesentlichen, dem Selbstverständnis der Bewohner der Anlage, vorbei. Mönchtum ist Verwirklichung der endzeitlichen Pax, das Zönobium ist der »Raum zur Verbindung der Mitglieder in Liebe und Frieden« (Louislampe). Die klaustrale Anlage und das Schweigegebot der Regel erlauben die antizipatorische Teilnahme am ewigen Schweigen. Durch das Wohnen Gottes im Mönch ist dieser selbst ein Tempel Gottes (Basilius). Mönchtum ist Verwirklichung der Pfingstgemeinde. Durch den Pfingstgeist gelangt die göttliche Ordnung in die Gemeinde und verwirklicht den *animus socialis*. Mönchtum ist aber nicht nur monastisches Abbild der Pfingstgemeinde, es ist auch Heimkehr in den Urzustand *(reditus in paradisum)*.

Der Wiederherstellung eines verlorenen Idealzustandes durch das Mönchtum entspricht konsequenterweise die Anstrengung für eine ideale Behausung. Für diese Konsequenz steht der Klosterplan von St. Gallen. Auf ein anderes Motiv im Prolog der Regel des Hl. Benedikts weist Louislampe hin, nämlich das Zeltmotiv als Symbol der Bewährungszeit. Auch Mönchtum ist demnach noch Bewährungszeit, auch der einzelne Mönch hat sein Endziel noch nicht erreicht, er ist noch unterwegs. Das damit angedeutete Wegmotiv, das noch etwas von der »Dynamik des Volkes Gottes auf dem Weg« (Louislampe) vermittelt, findet seinen baulichen Niederschlag in der Einführung des Kreuzganges als neuem Motiv.

Welche Mittel aber besitzt nun mittelalterliche Kunst, speziell mittelalterliche Architektur, um am Erziehungswerk zu solch hohen Vorstellungen teilzuhaben? Die von der modernen Verhaltensforschung postulierte Isomorphie von realem Objekt und durch die Sinneswahrnehmung vermitteltem Bild war dem Mittelalter selbstverständliche Annahme. Schon Gregor der Große hatte die Möglichkeit der Erkenntnis höherer Wahrheiten über die sinnliche Wahrnehmung formuliert: »per visibilia invisibilia demonstrare« (durch die sichtbare die unsichtbare Welt vor Augen führen). Das Verfahren, die Erkenntnismethode über die sinnliche Wahrnehmung zur Erkenntnis übersinnlicher Zusammenhänge zu gelangen, ist die der Anagogik. Die durch Kunstwerke bewirkte Erkenntnis erfährt Kraft und eindringliche Verbindlichkeit, da sie von dem Augenblick an, da Anschauen als vollkommene Erkenntnis angesehen wird, der aus diskursivem Denken gewonnenen überlegen ist. Das Primat der Anschauung versetzte die Erkenntnisfunktion der mittelalterlichen Kunst auf eine Ranghöhe, die über der Philosophie lag. »Die Kunst erzeugt Gegenstände, die, wie die Dinge der Natur, anschaubar waren. Und in gleicher Weise wie die Dinge der Natur bedeuten die von der Kunst erzeugten anschaubaren Gegenstände metaphorisch jene Wahrheit, die das diskursive Denken in Begriffe zu kleiden bestrebt ist, letzteres unvollständig, weil sie die Wahrheit ihres wirklichen Seins entkleidet. An diesem Mangel leidet die Kunst nicht. Da sie die Wahrheit mittels anschaubarer Metaphern zeigt, macht sie sie, wenn auch nur durch Analogie, der Anschauung zugänglich. Die Abbildungen der Kunst sind das umfassend anschaubare Wirkliche, mit dem verglichen die logischen Begriffe nur blasse Abstraktionen sind« (Assunto).

Durch die Denkweise, mit der »es dem mittelalterlichen Verstand gelang, die Anschaubarkeit als Abbild des Universal-Intellegiblen zu behaupten« (Assunto), erreicht die mittelalterliche Kunst ein Mitteilungsvermögen, das universaler als das der freien Künste war, da es auch dem Laien und dem Ungebildeten zugänglich war.

Die hohe Einschätzung der sinnlichen Wahrnehmung, genauer des Sehens, als objektive Erkenntnisform und die anagogische Formel, beide zusammen heben hervor, warum auch an die Klosterarchitektur grundsätzlich ein erzieherischer Anspruch herangetragen werden konnte. Für die religiöse Gemeinschaft der Mönche aber, die im höchsten Maße bereit war, allein durch ihren Glauben die höheren Wahrheiten und Erkenntnisse schon ohne die Anschauung zu erfassen, mußte der anagogische Weg eher eine bestärkende als eine die Erkenntnis erst auslösende Wirkung haben. Auch wenn der Vorgang der Erkenntnis für den Mönch eher reziprok verlief, so darf der bestärkende Effekt der Architektur keineswegs unterschätzt werden.

Die Regel steckt den geschriebenen Rahmen des benediktinischen Mönchslebens ab. Die Architektur hat dafür zu sorgen, daß das, was die Regel vorsieht, genau so wie es die Regel meint, ablaufen kann. In dem Maße, wie die Architektur im Sinne der Regel funktioniert, bildet sie den zweiten Rahmen des Mönchslebens; neben dem geschriebenen tritt der gebaute, materielle Rahmen, die Klosterarchitektur. Diese ist ebensowenig wie die Regel Selbstzweck. Auch die Absicht der Regel ist ja eine erzieherische. Je weniger aber die Architektur als materieller Rahmen nicht nur Medium für den Vollzug einer erzieherischen Aufgabe bleibt, sondern darüber hinaus selbst Teil dieses Vollzugs wird, desto mehr wächst ihr auch erzieherischer Wert zu. Und dies um so mehr bei einer Idealarchitektur, deren optimales Funktionieren gerade angestrebt oder vorausgesetzt wird. Der in dem St. Galler Beispiel vorliegende Plan aus der Zeit der anianischen Reform ist eine solche Idealarchitektur. Wie hervorragend sie funktioniert, konnten wir bereits sehen. Im übrigen wäre alle Mentalakrobatik zur Beweisführung für den erzieherischen Wert des Planes gar nicht nötig, weil die Widmungsinschrift ja schon den didaktischen Wert ausdrücklich betont: »...tibi soli perscrutinanda pinxisse« (...nur zum Einüben habe ich Dir das gezeichnet).

Was aber für den Idealplan gilt, muß erst recht für die danach tatsächlich gebaute und von den Mönchen vollzogene Klosterarchitektur gelten. Der erzieherische Wert dieser Idealarchitektur konnte verschiedener Art sein, konnte z. B. allein schon im täglichen Vollzug liegen. Er konnte aber auch in der bestätigenden Umkehr des anagogischen Weges liegen. Dadurch gewinnt aber die Klosterarchitektur, gleichermaßen wie die Kirchenarchitektur, eine höhere Ebene hinzu. Sie kann zur symbolkräftigen Architektur werden, indem sie die Erziehungsziele selbst, nämlich die höheren Vorstellungen vom Mönchtum, abbildend bedeutet.

Dritte Stufe: Symbolischer Wert

Das Prinzip des anagogischen Weges beruht ja darin, daß der menschliche Sinn »durch Anschauen des Abbildes zu jener stofflosen (Welt) hingeführt werden« soll (Tellenbach). Da das Mittelalter nicht zwischen Kunstwerk und Natur unterscheidet, können beide als Abbild dienen. Als Abbild kann ein Element der Natur oder ein Kunstwerk nur fungieren, sofern zwischen dem (abzubildenden, göttlichen) Objekt und dessen Abbild eine Isomorphie, zumindest aber eine Analogie angenommen wird. Das gleiche gilt aber auch uneingeschränkt für die Ergebnisse der sinnlichen Wahrnehmung des Betrachters und dessen Betrachtungsobjekt aus dem Bereich Natur oder Kunst. Nur wenn die Ergebnisse der sinnlichen Wahrnehmung, der Abbildcharakter der betrachteten Natur- oder Kunstobjekte und die analoge Entsprechung von Abbild mit göttlichem Vorbild eine analoge Kette bilden, führt das anagogische Verfahren zum gewünschten Ergebnis. Die über den anagogischen Weg gefundenen Erkenntnisse wären dann induktiv erfolgt.

Ganz anders dagegen der Weg zur Erkenntnis Gottes bei den Mönchen. Durch Gottesfurcht, Gottesglaube und Gottesliebe sind sie bereits höchster Erkenntnis teilhaftig. Daher sind sie Mönche geworden. Das Kloster ist ja nicht, wie schon vermerkt, Raum der Gottessuche, sondern Ort der Gottesbegegnung. Durch die Nähe Gottes erfährt der Mönch die Kraft des Pneuma. Der pneumatisierte Mensch ist die höchste Stufe des gläubigen Christen. Er allein ist auch zu den höchsten und letzten Erkenntnissen, laut Origines, fähig. Die anagogische Erkenntnis entspricht der einfachsten, quasi materiellen Erkenntnis. Der Mönch bedarf ihrer nicht. Aber die Anagogik liefert ihm durch Umkehrung der Verfahrensweise die anschauliche Begründung für den Abbildcharakter seiner Wohnung, also der Klosterarchitektur.

Gesteht man dem anianischen Schema zu, daß es vorbildlich die an die Architektur gestellten Aufgaben erfüllt und dadurch sogar erzieherischen Wert erlangt, daß seine Tauglichkeit als Mönchsgehäuse also erwiesen ist, so darf man andererseits annehmen, daß das Höhere, wozu diese Kunstform Einblick gewährt, das ideale Mönchtum selbst ist. Dieses versteht sich als Wiederherstellung eines Idealzustandes (Paradies), als Pfingstkirche, Volk Gottes auf dem letzten Weg: das Kloster als Abbild aller dieser Vorstellungen. Das Kloster mit seiner Idealarchitektur vermittelt also Kraft einer

Moissac, Zustand im 19. Jh.

durch die Anagogik vorausgesetzten Isomorphie oder zumindest Analogie ein getreues Abbild von der Pfingstkirche. Der Mönch aber, deduktiv von seiner exklusiven Gottesschau aus, sieht die materielle Verwirklichung vom Kloster als Abbild des Mönchtums in seiner eigenen Zielvorstellung durch den Laien bestätigt, der dasselbe sieht. So treffen sich induktiv-anagogisch vorgehender Laie und deduktiv-pneumatisch begründender Mönch in der Architekturform wieder, die dadurch allgemein verbindlichen Abbildungscharakter gewinnt. Letzteres gilt aber nicht nur für die Klosterarchitektur als Ganzes, sondern auch für alle Details. Das wiederum verleiht dem Abbild die Kraft des Symbols. Klosterarchitektur ist symbolische Architektur. »Im klösterlichen Mikrokosmos hat jede Daseinsäußerung und -bestätigung eine rituelle Bedeutung. Sie folgt einer traditionell erworbenen Norm. Jahr und Tag sind lückenlos von einem Rhythmus durchdrungen, der der mönchischen Existenz einen Lebensstil aufprägt, der in der Gliederung der Architektur wiederkehrt.« (Fischer). Rituelle Bedeutung und höherer Sinn jeglicher Daseinsäußerung des Mönches erklären sich aus dem Symbolwert, der ihm beigemessen wird. Diese »Symbolbedeutung für die Heilsordnung sollten Bau- und Kunstwerke veranschaulichen« (Braunfels).

Vierte Stufe: Absoluter Wert

Wenn Braunfels meint, eine ethische Einstellung zu den Dingen werde gefordert, die die ästhetische Sorgfalt mitbedinge, so ist das die Formulierung eines Forschers des 20. Jahrhunderts über einen Sachverhalt aus der Neuzeit. Das Wort ›ästhetisch‹ wirkt im Kontext mit mittelalterlicher Kunst zunächst immer irreführend. Es ist dagegen hervorzuheben, daß die »virtuelle, magische Funktion der Form« (Beumann) letztenendes im Sakralen wurzele. So ist richtig vermerkt worden, daß im Mittelalter die menschliche Beziehung zur Architektur und zum Raum nicht die einer ästhetischen Beschauerkunst war, sondern geprägt wurde durch die undistanzierten, ursprünglicheren und noch willkürlichen Beziehungen des Raum-Bewegungsgefühls. So zog den mittelalterlichen Menschen die rhythmische Pfeiler- oder Säulenfolge unmittelbar in den Raum hinein, quasi als Vorwegnahme seines eigenen Hineinschreitens. Die Arkaden ›umschreiten‹ den Klosterhof im Einklang mit der Tätigkeit der Mönche. Die Arkadenfolgen des Kreuzgangs sind also durch die Architektur vorweggenommenes, symbolisches Umschreiten. Die Formen mittelalterlicher Architektur sprechen nur deshalb dem Mithandelnden, weil ihre vorwiegend religiöse Funktion in Räumen eines wesentlich sakramentalen Vollzugs qualitativ objektiv aufgebaut ist. So wie im Mittelalter aus Gegenständen Universalien werden, so verwandelt sich schließlich eine Bauform wie die Klosterarchitektur über ihren funktional-instrumentalen, pädagogisch-didaktischen und symbolischen Wert, d. h. über ihren ständigen Vollzug auf verschiedenen Ebenen, in jene qualitative Objektivität, deren »Unmittelbarkeit objektiver Bedeutung« (Kuhn) auch heute noch jeden Besucher eines mittelalterlichen Klosters in den Bann schlägt. Nur so, über die stufenweise Aneignung der Architektur durch ihre Benutzer konnte diese zur qualitativen Objektivität ›Kloster‹ werden, in der »der Tagesordnung nach Stunden eine Tagesordnung nach Räumen entsprach« (Braunfels), in der die Erziehungsmaßnahmen und -ziele zur objektiven Realität geronnen sind: Das benediktinische Kloster ist »die gebaute Ordnung, die gebaute Stille, die gebaute Demut, die gebaute Strenge, die gebaute Askese und der gebaute Gottesfrieden« (Braunfels). Das Kloster ist aber auch identisch mit Mönchtum als Paradies, Pfingstgemeinde, Gottesnähe, ewigem Schweigen, endzeitlicher Pax usw. Das Pneuma der Mönche hat auf den Stein übergegriffen, sich dessen bemächtigt. Klosterarchitektur ist pneumatisierte Architektur.

7 Der Kreuzgang: Eine pragmatische Architektur

Das neue Architekturmotiv

Daß Architektur zunächst und vor allem Funktionsträger ist, wurde bereits herausgestellt. Die Benediktsregel zählt eine Reihe von Funktionen auf, die eine dem Mönchsleben nützliche Architektur zu erfüllen hat. Als Instanz für die Umsetzung der Rahmenrichtlinien (Regel) sieht sie zunächst den Abt vor. Später, in großen Mönchsverbänden (Orden) erfüllt diese Aufgabe die schriftlich niedergelegte Consuetudo (Clunyazenser) oder das Generalkapitel (Zisterzienser). Nicht zufällig verdanken wir die älteste Beschreibung eines Benediktinerklosters mit exakten Maßzahlen einer Consuetudo. In diesen »Consuetudines Farfenses« (1042) findet der Kreuzgang mit keinem Wort Erwähnung.

Mit dieser doch überraschenden Situation rühren wir an eine der fundamentalsten Voraussetzung der Kreuzgangsarchitektur. Das mittelalterliche Mönchtum, allen voran natürlich die vom Reformeifer ergriffenen

Gemeinschaften, interessierte natürlich die Architektur als solche und als Selbstzweck herzlich wenig, dagegen die Verwirklichung der Regel und der Consuetudo um so mehr. Lediglich im Hinblick auf die Fähigkeit der Architektur, den funktionierenden Rahmen für den täglichen Lebensablauf nach Sinn und Wortlaut der Regel zu garantieren, befand man sie der Schilderung wert.

Nun besteht aber der entscheidende Unterschied zwischen Klosterarchitektur und Kreuzgangsarchitektur darin, daß dem Klosterbau ein durch Regel und Consuetudo vorgeschriebenes Bauprogramm zugrunde liegt. Mit anderen Worten: das Kloster als Ganzes ist programmatisch fixiert, ist Programmkunst. Ganz anders dagegen der Kreuzgang: Wettergeschützte Wege in Form von gedeckten Laufgängen und ein ökonomisch zeitsparendes Wegsystem zwischen den geforderten Funktionsräumen Oratorium, Dormitorium usw., kurz eine Funktion Ambulatorium gibt es in der Regel des Hl. Benedikt nicht. Keine Regel, keine Consuetudo nehmen darauf Bezug.

Die Verlegung der Verbindungswege nach draußen in den Freiraum des Hofes entspringt vielleicht südlichen, mediterranen Vorstellungen (Aniane!). Der Kreuzgang als Verbindungs- und Verteilersystem innerhalb der Klausuranlage entstand gewiß aus praktischen Erwägungen; als äußere Galerie in seiner auf dem St. Galler Plan vorgetragenen Form ist er eine architektonische Bereicherung, die im Klosterprogramm eigentlich nicht vorgesehen war.

Da es hierfür aber kein vorgegebenes Programm gab, erlangt diese neue Architekturform einen nicht zu unterschätzenden Gestaltungsfreiraum, der sich zusätzlich in der stetig wachsenden Zahl der Funktionen, die diesem neuen Element sukzessive übertragen wurden, ausdrückt. Die Entbindung aus den Zwängen der Regel und Consuetudo einerseits und die zunehmende Zahl der Funktionen andererseits provozierten geradezu die formgestaltende Phantasie ihrer Benutzer. Aus dieser Sicht verwundert es nur mehr wenig, wenn oftmals der Kreuzgang der formenreichste und verschwenderischste Bauteil der gesamten Klosteranlage nach der Kirche wurde.

Mit der anianischen Reform war vermutlich gleichzeitig über einen Idealplan der Kreuzgang in die monastische Architektur eingeführt, sozusagen als Vorschlag. Die erste und fundamentalste Forderung an ihn war die Sicherung der drei Eckwerte: Klaustrum, Zönobium und *stabilitas in congregatione.* Durch die größtmögliche Abschirmung nach außen wurde der Ruf laut nach einem außerhalb der Räumlichkeiten gelegenen freien Bewegungs- und Aufenthaltsraum für die solchermaßen eingeschlossenen Mönche. Dieses dringliche menschliche wie wohnliche Bedürfnis war durch den quadratischen Hof sichergestellt. Den schmuckhaften wie funktionellen Rahmen dafür stellt die Kreuzgangsarchitektur: die zum Hof hin offene Durchlaufzone und Verweilstube, das ›Wohnzimmer‹ des mönchischen Kondominiums schlechthin. Da der Kreuzgang in seinen Funktionen durch nichts festgelegt war, ist die seit dem frühen 9. Jahrhundert einsetzende Kreuzgangskultur die eigenständige Leistung des hochmittelalterlichen Mönchtums.

Wegarchitektur und Erschließungssystem

Für die Entstehung des Kreuzgangs waren zwei Hauptfaktoren verantwortlich. Zum einen gebot es die Ökonomie, daß die Wege möglichst kurz gehalten waren, und zum anderen sollten diese Wegstrecken nicht den Unbilden des Wetters bzw. des Klimas ausgesetzt sein. Der Kreuzgang ist also zunächst Weg-Architektur. Wie schon anläßlich des St. Galler Plans bemerkt, ist die Gestalt der Arkadenarchitektur durch seine unantike Rhythmisierung Form gewordenes Gehen oder Schreiten, Symbol für die im Klosterleben verankerte Tagesrhytmik. Da sich vor allem die Konventsgebäude ausschließlich (mit Ausnahme des Dormitoriums) auf den Kreuzgang hin öffnen, ist dieser nicht nur Wegarchitektur, sondern zugleich das einzige Erschließungssystem des Klausurbereichs. Die Tagzeiten und Bewegungsabläufe sind aber durch Regel und Consuetudo festgelegt, d. h. im Erschließungssystem Kreuzgang offenbart sich architektonisch der Lebensrhythmus des Klosters selbst.

Funktionen

Zu diesem Tagesablauf gehören nicht nur Lauf- bzw. Bewegungseinheiten, sondern erheblich mehr zeitlich festgelegte und in ihrem Inhalt präzis bestimmte Verweilzeiten. Eine Reihe solcher Verweilzeiten bezieht sich auf die nun einmal eingeführte Kreuzgangszone, was besagt, daß der Kreuzgang nicht nur Weg- sondern auch Aufenthaltsarchitektur ist. Er hat demnach auch von seinen monastischen Funktionen her ein statisches Element zu verwirklichen: er ist nicht nur Gang, sondern auch Aufenthaltsraum, d. h. ein richtiges mit Funktionen ausgestattetes Konventsgebäude.

Die Einleitung der Aktivitäten und Verweilzeiten im Kreuzgang kann nach verschiedenen Kriterien erfol-

Fontfroide, Kapitelsaal mit Blick in den Kreuzgang

gen: Nach Schweigeperioden und nach Redezeiten *(silentium* und *locutio),* nach profanen oder geistig-liturgischen Verrichtungen oder nach statischem oder bewegtem Aufenthalt.

In die Verweilzeiten profaner Natur, die Locutio-Phase, gehören z. B. die lehrhafte Unterweisung der *pueri* (Novizen oder jüngere Mönche). Wenn auch die Geißelung oder Auspeitschung straffällig gewordener Mitglieder vornehmlich im Kapitelsaal vorgesehen war, so konnten weniger drastische Bestrafungen oder Zurechtweisungen ebenfalls im Kreuzgang stattfinden, keinesfalls aber in Kirche oder Refektorium. Die Mönche Benedikts waren zur Sauberkeit und Hygiene angehalten. Dazu gehörte nicht nur die rituelle Handwaschung vor den Mahlzeiten oder das zu verschiedenen Jahreszeiten erlaubte Ganzbad, sondern auch die Säuberung der Schuhe und Kleider. Vor allem die Bettzeug- und Kleiderwäsche, die jeder Mönch für sich selber vorzunehmen hatte – ausgenommen waren nur Schwerkranke und Gebrechliche – brachte ungewohntes Leben in den Kreuzgang. Zum Trocknen wurden Schnüre aufgespannt. Die Galerie vor dem Kapitelsaal durfte zu diesem Zwecke nicht benutzt werden. Am geeignetsten für das Aufhängen der nassen Wäsche dürfte der am wenigsten frequentierte Westflügel gewesen sein.

Zum Bereich der Körperpflege gehörten auch Rasur und Haarschnitt. Auch dafür waren innerhalb der Locutio-Phase genaue Zeiten eingeräumt. Ausbesserung von Kleidungsstücken, notwendige Schuhreparaturen oder ganz einfach Messerschleifen waren gleichfalls Tätigkeiten, die natürlich mit Geräusch und Gespräch verbunden waren. Da nur im Kreuzgang (und anschließenden Kapitelsaal) das Schweigegebot für begrenzte Zeit aufgehoben war, konnte nur jener Ort all dieser Tätigkeiten sein; neben seinen bereits aufgezählten Funktionen war er natürlich das Kommunikationszentrum des Klosters. Alle außerhalb des Kapitels vorgenommenen Unterweisungen durch den Abt, Vorträge über bestimmte Sachgebiete oder Diskussionen zu dringenden Fragen hatten ebenfalls ihr Forum im Kreuzgang.

Außerhalb der knapp bemessenen Zeiten des erlaubten Gesprächs herrschte auch im Kreuzgang das allgemeine Schweigegebot. So war neben dem Chor der Kirche und der Krankenstube der Kreuzgang der wichtigste Raum des Klosters, in dem der Mönch seine Lektüre der heiligen Schriften vollzog. Daher befand sich oft im Ostflügel zwischen Kapitelsaal und Sakristei oder in Kästen an der Wand des Kirchenflügels die zunächst kleine Bibliothek des Klosters. Zu Zeiten des Schweigens diente der Kreuzgang auch als Oratorium; er trat neben die Kirche als wichtiger Raum für private stille Gebete. Bestens geeignet waren die lichten Galerien des Kreuzgangs als Meditationsraum, Ort der stillen Selbst- und Gottesbegegnung. Der Umstand, daß sich sowohl private Lektüre als auch das Meditieren gleichwohl im Sitzen wie im Gehen vollziehen konnte, wirft ein ganz neues Licht auf den Kreuzgang als Funktionsarchitektur. Es entspricht ganz und gar der *vita activa* des Benediktinertums, daß denkerisches und kontemplatives Tun in Energie umgewandelt, hingegen vom Lesen ablenkende Unruhe und körperliche Motorik durch Laufenergie abgebaut werden. So stellt sich unvermittelt der Vergleich mit den Peripathetikern der Antike her. Der Kreuzgang wird gleichsam zur mittelalterlichen Stoa.

Neben quasi-liturgischen Tätigkeiten wie *lectio, oratio* und *meditatio* können auch rein liturgische Tätigkeiten im Kreuzgang stattfinden, z. B. Toten- und Heiligenandachten. An hohen kirchlichen Feiertagen fanden in reformierten Benediktinerklöstern – nicht mehr wie in Centula oder Corbie *coram publico* – feierliche Prozessionen statt, die ihr Ziel schließlich im Kirchengebäude hatten. Der Kreuzgang ist also auch Prozessionsweg; nochmals Wegarchitektur, aber *via sacra*. Von diesen Prozessionen, denen ein Kreuz vorangetragen wurde, leitet sich etymologisch das deutsche Wort Kreuzgang ab. Eine besondere, von Benedikt von Nursia vorgesehene Reinigung, die Fußwaschung, findet ebenfalls im Kreuzgang statt. Das Aachener Konzil von 816 beschäftigte sich ausführlich in den Canones XXI und XXII mit diesem *mandatum fratrum* und dem *mandatum hospitum*.

Die Fülle von quasi- und reinliturgischen Handlungen erlaubt es nicht länger, den Kreuzgang als profanen Konventstrakt zu betrachten. Die Unterteilung des Klosters, zumindest in seinem Kernbereich um den Kreuzgang, in Profan- und Sakralbauten, muß daher fragwürdig erscheinen. Das ganze Kloster ist ein im höchsten Maße sakraler Bau. Dies entspricht auch dem Selbstverständnis des Benediktinertums, das im Kloster ja die hier auf Erden gelebte Vorwegnahme eines heiligen Endzieles anstrebte.

Für die einzelnen Tätigkeiten im Kreuzgang bestand eine klare Raumaufteilung. So war für die liturgische Pflicht des *mandatum fratrum* und *mandatum hospitum* der an der Kirche angelehnte Flügel gedacht. Bis zur Einrichtung des Kapitelsaals fanden auf den hierfür vorgesehenen Holzbänken des Kirchenflügels die Lesungen aus den Unterredungen *(collationes)* des Cassian statt, weshalb dieser Flügel in Frankreich auch *Galerie des collationes* genannt wurde. In späteren Klöstern bis ins 16. Jahrhundert existiert diese Bank mit Abtstuhl noch in Stein (z. B. Cadouin). Der Kapitelsaal

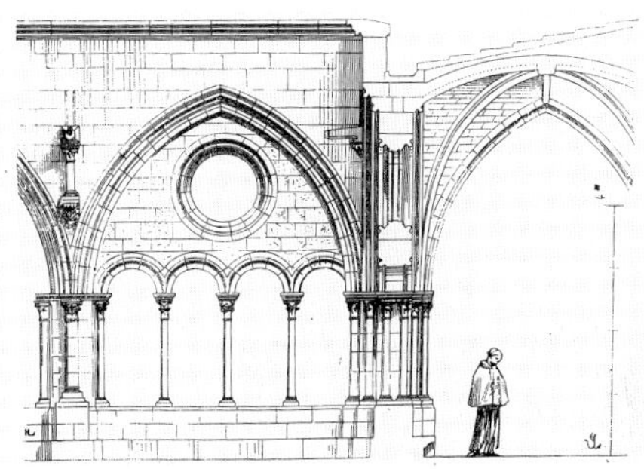

war der einzige Klosterraum, der sich zusätzlich zum Portal über eine breite Folge von Lichtöffnungen zum Kreuzgang hin öffnete. Vom Kapitelsaal aus wirkte die östliche Kreuzgangsgalerie wie der Narthex einer Kathedrale des Lichts. Durch die lichte Verbindung mit der Ostgalerie wirkte der für das Klosterleben als Versammlungsraum so bedeutsame Kapitelsaal wie eine Ausstülpung des Kreuzgangs. Tatsächlich übernahm der Kapitelsaal nach seiner Einführung eine Reihe ehemaliger Funktionen des Kreuzgangs. Schließlich, auf der kirchenabgewandten Seite, meist an der südlichen Galerie, lagen Refektorium und Küche. Seit dem 12. Jahrhundert, bevorzugt bei den Zisterziensern, setzte das im Klosterhof selbst gelegene Brunnenhaus einen neuen Akzent. In Form eines kleinen Zentralbaus wurde aus dem einstigen Waschtrog für die rituellen Waschungen vor dem Essen ein regelrechter Tempel des Wassers.

8 Das Problem der Polyvalenzen: Zur Symbolik des Kreuzgang

Fülle der Ambivalenzen

Je tiefer man in Struktur und Geheimnis der Kreuzgänge eindringt, um so komplexer wird die Fülle der Aspekte, die es zu entwirren gilt, um zum Wesen dieser Architektur vorzudringen, um so reicher wird die Erkenntnis über die Einheit von Mönchtum und Kloster. Die formale Betrachtung des Kreuzgangs wird zum Füllhorn angestrebter Einsichten über den inneren Zusammenhang von Lebensform und Kunstform. Das Kloster bedeutet Flucht aus der Welt, realisiertes *extra mundum*. Aber das Gebot der Nächstenliebe und die Erfordernisse des täglichen Lebens holen den Mönch ständig ein bei seiner Flucht, stellen ihn immer wieder in die Welt seiner Mitmenschen hinein. Mönchtum ist also eine ständige Gratwanderung. Sein ganzes Leben lang steht der Mönch vor dieser ambivalenten Situation. Die Geschichte des abendländischen Mönchtums ist die Geschichte dieser Gratwanderung. Oft ist es auf die Seite der Welt abgestürzt und müßte mühsam durch eine Reform nach der anderen wieder auf seinen rechten Weg gebracht werden.

Ein getreues Porträt dieser gefährlichen Ambivalenz zeichnet die Kreuzgangsarchitektur. Sie ist gleichfalls im höchsten Maße ambivalent. Die Summe dieser Ambivalenzen ergibt das heterogene Bild einer entschieden polyvalenten Struktur. Nur einige dieser Wesensmerkmale seien hier notiert.

Die Kreuzgangsgalerien sind rückseitig geschlossen und dunkel, hofseitig geöffnet und hell; ob der Kreuzgang insgesamt in seinem Inneren mehr dunkel oder hell ist, wird bestimmt von der Art der Öffnungen zum Hof. Das Stützensystem bedeutet den ständigen Wechsel von Licht und Dunkelheit. Ebenfalls abhängig von der Art des Systems der Öffnungen entscheidet sich, ob der Kreuzgang mehr als Teil des Hofes oder als Teil der Konventsgebäude empfunden wird. Im Regelfalle ist ein sensibles Gleichgewicht der Gegensätze angestrebt, so daß der Kreuzgang im Idealfall halb offen und halb geschlossen, teils dunkel und teils hell, hälftig Innen- und hälftig Außenarchitektur sein kann. So wie sich der Mönch auf seiner Gratwanderung zwischen Diesseits und Jenseits, zwischen Dunkelheit und Licht bewegt, so ist ihm der Kreuzgang im höchsten Maße Ausdruck seiner eigenen Situation.

Der Kreuzgang ist von seiner praktischen Bestimmung her als Funktionsträger zweckbestimmt. Durch seinen Stellenwert innerhalb des Klosters und vor allem seine Form ist er abbildend bedeutend als Symbol. Da er der Ausübung profaner Tätigkeiten dient, ist er auch Profanarchitektur; sofern sich aber auch liturgische Rituale in ihm vollziehen, ist er Sakralarchitektur. Als Ambulatorium und Verteilersystem eignet dem Kreuzgang die Dynamik einer typischen Wegarchitektur, und diese drückt sich in der Gestalt der Stützenordnung aus. Aber für die Gesamtanlage des Klosters zeichnet ihn eine ausdrücklich statische Funktion aus, indem er nämlich der Vielgestaltigkeit der angrenzenden Konventsgebäude entgegenwirkt und sich, diese formal vereinend, als ästhetisches Hauptelement der inneren Fassadenbildung erweist. Die voll ausgebildeten vier Galerien, um so mehr wenn sie quadratisch angeordnet sind, erstellen eine richtungslose Architektur, die aber durchaus achsial-perspektivisch sein kann, je nach Standpunkt des Betrachters. Von fast jeder Stelle des Kreuzgangs aus ergibt sich zugleich ein Innen- und ein Außenbild, eine Vielfalt der Perspektiven. Für die gesamte Klausuranlage bildet der Kreuzgang einen Innenhof, für den Kapitelsaal aber Vorhalle und Atrium.

Nochmal das Wegmotiv als Beispiel

An diesem schon mehrfach erwähnten Hauptmotiv läßt sich der Vollzug der Kreuzgangsarchitektur in all seinen vier Aneignungsebenen vor Augen führen.

Mönchsein bedeutet Weg zu Gott, Zeit der Bewährung und Läuterung. Es bedeutet aber gleichzeitig Zustand der Gottesnähe, Vorwegnahme der Seeligkeit: Zustand und Weg, Voranschreiten und Verweilen, hier leuchtet schon der Gleichklang von Mönchsein und Kreuzgangarchitektur auf. Seine Funktion als Weg- und Aufenthaltsarchitektur ist die *raison d'être* des Kreuzganges seit der anianischen Reform.

Wegen des Schweigegebots existierte im Haus der Mönche ein ausgefeiltes Zeichensystem zur Verständigung in der Silentium-Phase. In den »Constitutiones Hirsaugensis« (11. Jh.) heißt es bei der Beschreibung des Zeichens für Kreuzgang: »pro signo claustri ... crucis pone adjungens signum circumeundi« (zum Zeichen des Kreuzgangs mache ein Kreuz und füge dann das Zeichen für Herumgehen hinzu).

Aber – und auch dieses sollte bedacht sein – es fällt gleichzeitig auf, daß die Zugänge zu den Konventsge-

Rom, Trinitäts-Kloster ▷

bäuden auf ein extremes Minimum beschränkt sind. Die Möglichkeit, von einem Gebäudeteil in einen anderen zu gelangen, ist jeweils auf eine einzige festgelegt, und diese führt über den Kreuzgang. Es gibt keine freie Zirkulation zwischen den Gebäuden. Hier ist offensichtlich mit den Mitteln der Architektur deren Bewohnern ein ganz bestimmter Weg vorgezeichnet, ja vorgeschrieben. Die erzieherische Aufgabe der Klosterarchitektur, explizit des Kreuzgangs, scheint auch hier durch.

»Wie wohl es tut, unter den Gewölben, an den Säulen des Kreuzgangs vorbeizugehen, einfach zu gehen, Fuß vor Fuß, Schritt auf Schritt ... hier im Kreuzgang meines Klosters sind diese Erfahrungen zu Stein geworden, die man betasten, erfühlen und ergehen kann ... (Theodulf) bleibt stehen, befühlt mit der Hand den körnigen Stein der Säulen, gleitet an ihnen entlang, als wolle er die Größe Gottes abtasten.« (Sudbrack)

Das Mönchtum stellt innerhalb der Kirche den Stand der christlichen Vollkommenheit dar, nicht der erlangten, sondern der zu erstrebenden Vollkommenheit. Das damit angedeutete und schon erwähnte Wegmotiv findet seinen baulichen Niederschlag in der Einführung des Kreuzganges. Da im Mittelalter die menschlichen Beziehungen zur Architektur und zum Raum nicht die einer ästhetischen Beschauerkunst waren, sondern geprägt wurden durch undistanzierte und ursprüngliche Beziehungen des Raumgefühls, ziehen die rhythmischen Pfeiler und Säulenfolgen den mittelalterlichen Menschen in den Raum hinein, als Vorwegnahme seines eigenen Hineinschreitens. So konnte über die stufenweise Aneignung des Kreuzgangs durch seine Benutzer zur Objektivität »Weg zu Gott« werden.

»Vor der Zeit des gemeinsamen Gebets sammeln sich daher die Mönche im Kreuzgang ... während dieses gemeinsamen Sammelns erfährt Theodulf deutlich, daß wir alle noch unterwegs sind, daß wir neu die Augen hinwenden müssen zu ihm, daß wir Pilger sind ... alles zeigt an, daß der Mönch auf dem Weg zu Gott ist ... aber hier im Kloster ist dieses Warten und Hingehen eingebettet in die Ordnung der Mönchsregel und in die Architektur der Bauten. Der Lauf des Tages und das Schreiten durch die Hallen des Kreuzgangs haben ein Ziel und sind hingeordnet auf ein Ziel ... die Ordnung von Raum, Zeit und Leben belehrt Theodulf, daß (uns Gott) entgegenkommt und er uns aus seiner göttlichen Zukunft die Hand in die Gegenwart entgegenstreckt: Tretet ein, kommt zu mir, der Weg ist bereitet.« (Sudbrack)

Ikonographie des Kreuzganges

Das Leben nach der Regel erzeugt langfristig eine geistige Haltung, deren Abbild in Stein das Kloster darstellt. Dies trifft insbesondere auf das Kernstück der Klausuranlage, den Kreuzgang, zu. Tatsächlich ist mit dem Höhepunkt der Kreuzgangsarchitektur, also ab dem 11. Jahrhundert, das ursprüngliche Wort für das ganze Kloster, Klaustrum, zur Bezeichnung für den Kreuzgang im engeren Sinne geworden. Außer im Deutschen wurde das lateinische Wort *claustrum* zur Basis des entsprechenden Wortes für Kreuzgang: *chiostro* (it.), *claustro* (span.), *cloister* (engl.), *cloître* (frz.). In Umkehrung der tatsächlichen Situation wurde nun der Kreuzgang zum Synomym für Kloster.

Allein schon aufgrund der oben angedeuteten Häufung von Funktionen und Verweil- bzw. Durchlaufzeiten, die der Kreuzgang auf sich zog, und der damit verbundenen erzieherischen Bedeutung der Kreuzgangsarchitektur, wäre dieser Begriffswandel verständlich und gerechtfertigt. Als Ort von liturgischen Handlungen wie Fußwaschung oder Totenandacht und als Ausgangspunkt liturgischer Prozessionen wurden die Kreuzgangsgalerien zum Verlängerungsarm der Klosterkirche. Der zugleich sakrale Charakter dieses Zwischenreichs zwischen Kirche und Wohngebäude, das der Kreuzgang nun tatsächlich darstellt und das vor dem Gottesdienst den Geist der Mönche sammelt und nachher das heilige Erleben beim Verlassen der Kirche weiter festhält, führte automatisch bei der Ausgestaltung zu weihevollen Formen und sakralen Konnotationen symbolischer Art. Die Säulenkapitelle wurden zu Trägern komplexer theologischer Programme (Moissac, La Daurade, Silos, Gerona, Arles etc.) und die Rückwände der Galerien zu Bildflächen für ausgedehnte Historienzyklen zum Leben mönchischer Heiliger (Brixen). Aber die mittelalterlichen Kreuzgänge, vor allem die des 11. und 12. Jahrhunderts, waren nicht nur Träger und Hintergrundfolie ikonologischer Programme, auch die Kreuzgangsarchitektur selbst hatte ihre eigene Ikonographie.

Auf dem St. Galler Plan konnte für den quadratischen Idealkreuzgang die Zahl Vier bzw. Acht als Modul erkannt werden. Die unantike Gruppierung der Arkaden barg die Vierzahl (Arkaden) und Dreizahl (Stützen) in sich, die miteinander multipliziert die Zahl Zwölf der Apostel ergeben. Von Anbeginn des zönobitischen Mönchtums (Pachomius, Basilius) galt die apostolische

Palermo, S. Domenico ▷

Pfingstgemeinde als Urbild der Mönchsgemeinschaft. Wenn im Falle des St. Galler Plans diese Zahlensymbolik noch als Theorie verdächtigt werden könnte, so haben wir im Falle des Kreuzgangs von Vaison-la-Romaine einen schlagenden Beweis vor Augen. Die auffällige Kombination aus Drei- und Vierzahl im Verhältnis von Überfangbögen zu Kleinarkaden der Kreuzgangsarchitektur findet ihre Entsprechung in der gleichzeitigen Inschrift (um 1150) auf der zum Kreuzgang hin gerichteten Außenseite des nördlichen Seitenschiffes: »Inständig bitte ich euch Brüder, überwindet die Gegenden des Nordwindes, indem ihr den Kreuzgang durchschreitet; denn so werdet ihr zum Süden kommen. Die dreifach Feurige möge das vierfältige Nest entzünden, daß sie den zwölf steinernen Gefäßen beigegeben sei. Friede diesemHause.«

Anbringungsort, Entstehungszeit und Eingehen auf die konkrete topographische Situation des Kreuzgangs von Vaison lassen keinen Zweifel zu: Die regulierten Kanoniker der Kathedrale von Vaison werden als Mönche *(fratres)* angesprochen, die architektonische Häufung der Dreizahl (heilige Dreifaltigkeit) und Vierzahl (vier Himmelsrichtungen für Erde und die vier Kreuzgangsflügel) werden mit dem Ort des Geschehens identifiziert; den Norden (Wohntrakt der Domherrn = die Kälte und Finsternis = sündiger Zustand des Menschen) gilt es zu überwinden, den Süden (Lage der Kirche, Ort des Heiles) gilt es zu erreichen, indem die so Angesprochenen durch den Kreuzgang (Sinnbild für Regel = gottgefälliges Leben) schreiten.

Die für den St. Galler Plan mit einiger Berechtigung akzeptierbare und für Vaison erwiesene Ikonographie der Kreuzgangsarchitektur selbst bestätigt den Symbolwert, den diese Bauform für ihre Benutzer gehabt hat. Doch beschränkte sich diese ideelle Botschaft des Kreuzgangs nicht auf die leicht zugängliche Botschaft der Zahlensymbolik. Mönchtum und seine zugehörige Idealarchitektur, und synonym dafür wieder der Kreuzgang, standen ja auch für Paradies, Pfingstgemeinde, Gottesnähe, ewiges Schweigen und endzeitliche Pax. In einem abschließenden Exkurs sei nochmals erläutert, wie der Kreuzgang über seinen Symbolcharakter hinaus für seine benediktinischen Erbauer eine echte Abbildfunktion hatte.

Friede und Stille

Die drei vornehmsten und vornehmlichsten Tätigkeiten des benediktinischen Mönches sind das *opus dei* (Lob des Herrn, Gottesdienst), die *lectio divina* (Lesung der heiligen Schriften) und das *opus manuum* (Arbeit). Unter den empfohlenen heiligen Schriften nimmt der Psalter eine Sonderstellung ein. Im Psalm 37 heißt es: »Sei still vor dem Herrn und harre auf ihn«. Sinngemäß heißt es in der Regel des Hl. Benedikt: »Reden und Lehren kommt dem Meister zu, Schweigen und Hören ist Sache des Jüngers«. Noch drastischer wird das Schweigegebot im Kapitel XLII ausgesprochen: »Die Mönche müssen immer auf das Stillschweigen bedacht sein ...«. Anfang dieses Jahrhunderts berichtete der benediktinische Gelehrte Hilpisch, daß es in manchen Klöstern noch Sitte wäre, sich in einem der stillen Arme des Kreuzgangs aufzustellen, um dann gemeinsam in den Chor der Kirche einzuziehen. Das Zerstreuende und Störende, das im getrennten Kommen der einzelnen läge, wird so aus der Kirche herausverlegt auf die sog. *statio* (im Kreuzgang). Das Kloster selbst ist ja Werkzeug für bestimmte Endzielvorstellungen des Mönchtums wie z. B. antizipierte Teilhabe am ewigen Schweigen, am Schweigen Gottes.

Das Kloster ist also gebaute Stille. Tuscheln, Gewänderrauschen, Schritte, Geklapper auf Stein und Unruhe, das ist alles die natürliche Folge, wenn sich eine größere Gruppe von Menschen, und seien sie noch so diszipliniert, von einem Ort zu einem anderen bewegt. Indem man aber die Laufzone nach draußen verlegt, bewahrt man in den Gebäuden selbst Stille und Andacht. Die zurückzulegende Wegstrecke innerhalb der Gebäude ist auf ein Minimum reduziert. Auf dem kürzesten Weg gelangt man nach draußen, also dorthin, wo eine eigene Bewegungsarchitektur dafür vorgesehen ist. Die Laufgänge des Kreuzgangs sind aber auch zu bestimmten Zeiten Ort des Gesprächs, der Bewegung, des Geräusches. Das Geräusch bricht sich an den geschlossenen Wänden der angrenzenden Konventsgebäude, wird zurückgeworfen in den Klosterhof, wo es verebbt. Die Architektur bleibt im Schweigen, obgleich sie beredt ist, sie bleibt in Ruhe, obwohl die Unruhe an ihr entlanggeführt wird. Die vier Laufgänge bedeuten für das Klosterinnere, was der Blitzableiter für das Dach ist: Ableiter von Gefahren des internen Klosterlebens wie Bewegung und Lärm. So bleiben die eigentlichen Konventsgebäude Teilnehmer am ewigen Schweigen. Nur die Laufgänge selbst sind gebaute Bewegung. Nicht eine kontinuierliche Flucht von Säulen, nicht dekorative Rahmung, sondern durch Wechsel von großen und kleinen Arkaden, von Säulen und Arkaden, von Mauerrest und Licht sind sie vorweggenommenes Umherwandeln, gebändigte Unruhe. Die benediktinische *discretio*

Amalfi, Chiostro del Paradiso ▷

findet noch gemäßigte Formen des Schweigens im Kloster. Unter dem Einfluß der Zisterzienser verordnet Innozenz III. den Mönchen von Subiaco das Schweigen als *silentium continuum* auch im Kreuzgang einzuhalten. Ähnlich strengen Bestimmungen unterliegen auch die Kartäuser.

Das zurückgewonnene Paradies

»... die stille Harmonie des Gartens: wie friedvoll fällt der Schatten der Bäume auf den Rasen; wie harmonisch laufen Gartenwege und Kreuzgang ineinander; wie unaufdringlich leise, aber deutlich erzählt das plätschernde Brunnenwasser vom Leben; wie behutsam nehmen die niedrigen Mauern mit den Säulen und den sie überwölbenden Bögen das schweigende Gespräch der Natur auf und geben es weiter in die Kirche, in den Speisesaal, in die Schlafräume und das Kapitel; wie kühn greift der Flug der Vögel diese vielsagende Stille auf und trägt sie zum Himmel hoch – bis in die Wolken – bis zur Sonne, bis in die Ewigkeit Gottes hinauf! Theodulf erfährt Frieden; ... – gerade der Kreuzgang, der alle Räume miteinander verbindet, schenkt ihm die Gewißheit, daß er in diesen Frieden hineingehen darf ...«. (Sudbrack)

Und was ist Frieden anderes als ungestörte Ordnung. Wie heißt es bei Thomas von Aquin: »Pax est tranquilitatis ordinis« – der Friede ist jene Stille, die sich einstellt, wenn Ordnung herrscht. Nicht Grabesruhe, sondern eine Ordnung, die Freiheit für alle bedeutet. Wer in den stillen Flügeln des Kreuzganges wandelt, ist verleitet, den Psalm zu beten, der da heißt: »Birg mich im Schatten deiner Flügel«.

»Unter den Mitbrüdern ist er eine der Säulen, die gemeinsam das Gewölbe des Vertrauens tragen. Ihr aller Gebet formt diesen Raum der Geborgenheit. Jeder einzelne zählt; und doch ist erst die Gemeinschaft das Ganze ... Die Erfahrung des Säulenganges wird durchsichtig auf Gott hin. Seine gütige Hand wird hier fühlbar ... Ewigkeit und Zeit fließen ineinander; Gottes Weite (der Himmel über dem Hof) und der Raum der Brüder (die Kreuzgangsgalerie); ... Gottes Ewigkeit und die Minuten, die Stunden, die Tage während deren Theodulf durch den Kreuzgang geht. Alles verbindet sich zur Einheit, wie auch Gottes Ewigkeit sich der Zeitlichkeit des Menschen Jesus verbunden hat ... Ist nicht unser ganzes Leben ein Kreuzgang?« (Sudbrack)

Die klösterliche Gemeinde verwächst sich zu einem *corpus monasticum* (monastischer Leib), ganz ähnlich dem von Paulus beschriebenen *corpus Christi mysticum* (mystischer Leib Christi).

»Wenn die Mönche im Kapitelsaal ihren Platz einnehmen, dann weiß Theodulf sich eingefügt in den mystsischen Leib Christi, in die Kirche. Der Abt spricht auch gerne vom Kloster als ›ecclesiola‹, als ›kleiner Kirche‹.« (Sudbrack)

Denn die Mönche wissen: »Die da vertrauen auf den Herrn, sind wie der Berg Sion – auf ewig wanket nicht, wer wohnt in Jerusalem«. (Ps. 125) Das Kloster wird für seine Insassen zur Stadt Gottes, zum Himmlischen Jerusalem. Nicht nur die gotische Kathedrale, auch das Kloster, und dies schon lange vorher, symbolisiert das himmlische Jerusalem.

Die Abtei ist aber mehr als nur Abbild, sie ist auf Erden vorweggenommene und täglich gelebte Stadt Gottes, und der Kreuzgang ist der Garten darin. Gelegentlich wird dieser auch als Paradies bezeichnet. Mönchtum ist ja vorweggenommener Zustand des *reditus in paradisum* (heimgekehrt ins Paradies)! Der Domkreuzgang von Amalfi trägt nicht zufällig den wunderschönen Namen *Chiostro del Paradiso*. Dieser zwischen 1266 und 1268 entstandene südkampanische Kreuzgang besitzt die unbestritten ausgeprägteste orientalische Gestalt. Das bei Normannen wie Arabern gleichermaßen beliebte Motiv verschlungener Pflanzen oder Linien hat hier in bestimmender Ausformung Eingang in die Kreuzgangsarchitektur gefunden.

Die Fassade dieses ganz besonderen Kreuzganges mit seinen schlanken, extrem eng zueinander gestellten Säulchen und dem darüber aus der Arkadenzone sich entwickelnden ›Bewuchs‹ aus sich überschneidenden Segmentlinien vermittelt direkt den Eindruck eines stilisierten Waldes, der dieses Paradies umgibt; sie stellt zusammen mit dem exotischen Pflanzenkleid und den offen gelassenen Gewölbekuppeln wahrhaft das Abbild eines *hortus conclusus* dar. Der Chiostro del Paradiso ist im wahrsten Sinne des Wortes die am weitesten getriebene, an organisches Wachstum erinnernde bauliche Verwirklichung des *claustrum* als *paradisum*, die jemals realisiert wurde.

»Wie oft hast du durch die Säulen in den Garten hineingeschaut? Wie harmonisch winden sich die Ranken der Büsche um die Säulen, wie lebendig setzt sich das Wechselspiel von Licht und Schatten in den Garten hinein fort! Wir beide tragen nun dafür Sorge, daß diese Harmonie stimmig bleibt ... – Diesen Auftrag der Ordnung hat uns Gott mitgegeben – nicht Unterdrückung, sondern Aufbau, nicht Vernichtung, sondern Harmonie. Wie gut passen doch die Sträucher im Geviert zu den Bögen der Säulen; wie ähnlich sind sich die Gewölbe im Kreuzgang und das Blätterdach der Bäume!« (Sudbrack)

1 Vorhergehende Seite: *Najera, Kloster S. Maria la Real*

2 *Rosia, Abbazia di Torri*

3 *St-Hilaire bei Carcassonne*

4 Folgende Seite: *Hirsau, Reformkloster*

6 Kloster Ripoll

7 Soria, S. Juan de Duero

8 Rom, S. Paolo fuori le mura

9 Rosia, Abbazia di Torri

5 Vorhergehende Seite: *Trier, Dom-Kreuzgang*

10 Rechte Seite: *Xunqueira de Espadañedo*

11 Vorhergehende Doppelseite: *Bayonne, Kathedral-Kreuzgang*

12 *Salamanca, Las Duenas*

13 *Colle di Val d'Elsa, Seminario*

14 Linke Seite:
Le Puy,
Kathedral-Bezirk

15 *Alcobaça,*
Zisterzienser-Kloster

16 *Vezzolano bei Turin*

17 *Abbazia di Piona am Comer See*

18 *Rom, S. Lorenzo fuori le mura*

19 *Lérida, Alte Kathedrale*

21 Tudela, Kathedral-Kreuzgang

22 Najera, S. Maria la Real

23 Sto. Domingo de Silos

24 Soria, S. Pedro

20 Linke Seite: *Brixen, Fresken im Dom-Kreuzgang*

25 *Neapel, S. Chiara*

26 *Amalfi, Dom-Kreuzgang*

29 Rechte Seite: *Soria, S. Pedro*

27 Chiaravalle di Colomba

28 Moissac

30 *Pamplona,*
Kathedral-Kreuzgang

31 *Münster,*
Dom-Kreuzgang

32 Rechte Seite:
Belem bei Lissabon,
Hieronymus-Kloster

33 Folgende Doppelseite:
Kloster Eberbach
am Rhein

36 Linke Seite:
Verona, S. Zeno

37 *Mont-St-Michel, La Merveille*

38 *Le Puy, Kathedral-Kreuzgang*

39 Folgende Doppelseite:
Sto. Domingo de Silos

34 *Coimbra, Kathedral-Kreuzgang*

35 Santuario della Señora de Guadalupe

36 Linke Seite:
Verona, S. Zeno

37 *Mont-St-Michel, La Merveille*

38 *Le Puy, Kathedral-Kreuzgang*

39 Folgende Doppelseite:
Sto. Domingo de Silos

40 Vorhergehende Doppelseite: *Burgos, Königskloster Las Huelgas*

41 *Elne, Kathedral-Kreuzgang*

42 *S. Benedetto Po*

43 *Valpolicella, Pfarrkirche S. Giorgio*

44 *Follina, Zisterzienser-Abtei*

45 Folgende Seite: *Abtei Cuxa*

Farblegenden

Umschlag vorn (Titel): Zisterzienserabtei *Fontfroide* bei Narbonne. Ende des 11. Jh. gegründet und 1146 dem Orden von Citeaux unterstellt. Kreuzgang vom späten 12. und 13. Jh. Die Nordgalerie wurde im Barock erneuert.

Titelvignette: *Carriòn de los Condes* (Prov. Burgos), Benediktinerabtei San Zoilo. Spätgotische Kreuzgangsgewölbe, Anfang 16. Jh.

Frontispiz: Ausschnitt aus dem Lageplan der Wasserleitungen, Christ Church-Kloster in *Canterbury*. Anfang 12. Jh.

Umschlag hinten: *Vaison-la-Romaine* (Provence), Kathedralkreuzgang. Mitte 12. Jh. begonnen; unvollendet geblieben. Im 19. und 20. Jh. stark restauriert. Sehr bedeutsam wegen seiner Ikonographie (s. Text).

1 *Najera* (Prov. Rioja), Kloster Santa Maria la Real, Claustro de los Caballeros. Zwischen 1517 und 1528 in einem Mischstil aus französisch-spätgotischen und plateresken Formen errichtet. Zur Ausstattung gehört ein reichhaltiges Statuenensemble.

2 *Rosia* (südliche Toskana), Abbazia di Torri. Die untere noch aus dem 12. Jh. stammende Galerie überliefert ein Musterbeispiel jenes für die Toskana typischen Inkrustationsstils.

3 *St-Hilaire* (südlich von Carcassonne). Eine der ältesten Abteien Südfrankreichs. Seit 970 unter dem Patrozinium des Hl. Hilarius. Der heutige Kreuzgang wurde erst im 14. Jh. errichtet.

4 *Hirsau* (Schwarzwald). Im 11. Jh. bedeutendes Reformkloster im Geiste Clunys. 1692 von französischen Truppen zerstört. Der spätgotische Kreuzgang wurde in zwei Bauphasen errichtet: 1482–84 und 1508–1516.

5 *Trier*, Dom-Kreuzgang. Um die Mitte des 13. Jh. entstanden. Zusammen mit der etwas früher begonnenen Liebfrauenkirche eines der ältesten gotischen Baudenkmäler im deutschsprachigen Raum.

6 *Ripoll* (Katalonien), Abtei Santa Maria de Ripoll. Im 10. und 11. Jh. eines der großen Kulturzentren des entstehenden Katalonien. Bauarbeiten am Kreuzgang von 1200 bis Anf. 16. Jh.

7 *Soria* (Altkastilien), S. Juan de Duero. Im 12. Jh. von den Johannitern gegründetes Kloster. Der aus dem gleichen Jahrhundert stammende Kreuzgang zeigt nicht nur einen höchst ungewöhnlichen Grundriß (7eckig) auf, auch seine verschlungenen Bogenstellungen erinnern mehr an orientalische Vorbilder.

8 *Rom*, S. Paolo fuori le mura. Wie S. Lorenzo fuori le mura ebenfalls eine der sieben Pilgerkirchen Roms und eine der vier Hauptkirchen (basilicae majores) der Ewigen Stadt. Der zugehörige Kreuzgang wurde zwischen 1205 und 1241 von den Marmorkünstlern der Familie Vassalletti errichtet. Er ist von allen sogenannten Cosmatenkreuzgängen der formvollendetste.

9 *Rosia*, Abbazia di Torri (s. 2)

10 *Xunqueira de Espadañedo* (Prov. Orense, Galizien). Um 1150 von Augustinerchorherren von Santa Maria de Sar in Santiago de Compostela gegründet. Vermutlich um 1170 bereits an die Zisterzienser abgetreten. Der zweigeschossige Kreuzgang stammt aus der Zeit der zweiten Blüte des Klosters nach 1548.

11 *Bayonne* (bei Biarritz), Kathedral-Kreuzgang. 14. Jh.

12 Salamanca, Konvent Santa Maria de las Dueñas. 1491 für die Einrichtung eines Dominikanerinnenklosters gestiftet. Kirche (beg. 1533) und zweigeschossiger Kreuzgang gelten als Hauptbeispiel eines von Dekorationslust überfrachteten Renaissancestils in Spanien.

13 *Colle di Val d'Elsa* (Toskana), Seminario. Ursprünglich Franziskanerkonvent, heute bischöfliches Seminar. Kreuzgang 16. Jh.

14 *LePuy* (Zentralmassif), Kathedralkomplex mit Kreuzgang. Mit fortschreitender Bauzeit der Kathedrale, aber nicht vor dem zweiten Erweiterungsbau (3. und 4. Joch) dürfte der älteste Teil des Kreuzganges (Südflügel) entstanden sein. Die heutige Südgalerie ist allerdings eine Replik aus dem 19. Jh.

15 *Alcobaça* (Portugal), Zisterzienserabtei. 1153 von Alfons-Heinrich als Königskloster errichtet. Beginn der Bauarbeiten um 1178. Der untere Kreuzgang mit Brunnenhaus wurde 1308 von Dom. Domingues begonnen und von Meister Diogo vollendet. Obere Galerie 16. Jh.

16 *Turin* (Umgebung), Abbazia di Nostra Signora di *Vezzolano*. Chorherrenstift. Kirche von 1110 bis 1189. Der

Kreuzgang setzt sich aus Galerien aus verschiedenen Epochen zusammen. Der Nordflügel stammt aus der Zeit des Kirchenbaus. Den ältesten Teil bilden die Säulen und Pfeiler der Westgalerie.

17 *Abbazia di Piona* (Comer See). An der Stelle eines älteren Oratoriums von Clunyazensermönchen gegründete Abtei. Der in jeder Hinsicht unregelmäßige Kreuzgang, sei es im Grundriß, sei es im Aufriß, wurde zwischen 1252 und 1257 von comaciner Baumeistern errichtet.

18 *Rom,* S. Lorenzo fuori le mura. Der Kreuzgang dieser römischen Pilgerkirche vor den Mauern der Stadt ist der älteste erhaltene Kreuzgang Roms (Ende 12. Jh.). Warum er damals schon als einziger Kreuzgang ohne erkennbare Platzgründe mehrstöckig angelegt wurde, ist nicht bekannt.

19 *Lerida* (Katalonien), Alte Kathedrale. Fast über das ganze 14. Jh. zogen sich die Bauarbeiten dieses ganz einzigartigen Kreuzgangs hin. In luftiger Höhe nimmt er die Stelle des einstigen Moscheevorhofes ein.

20 *Brixen* (Südtirol), Domkreuzgang. Nach dem Münsterbrand von 1178 in romanischen Formen völlig neu errichtet. Ende des 14. Jh. von Meister Uzco (?) im gotischen Stil umgebaut und in der Folgezeit reich mit Fresken ausgemalt.

21 *Tudela* (Navarra), Kathedrale. Der Kreuzgang dürfte noch vor der Einwölbung der Kirche errichtet worden sein, denn er vertritt noch die romanische Tradition. Seine figürlichen Kapitelle bilden einen der umfangreichsten Skulpturenzyklen Spaniens (vgl. Gerona oder Sto. Domingo de Silos).

22 *Najera* (s. 1), Maßwerkvergitterung im plateresken Stil.

23 *Santo Domingo de Silos* (Prov. Burgos). Der schon in der zweiten Hälfte des 11. Jh. begonnene zweigeschossige Kreuzgang von Silos gilt als einer der schönsten romanischen Kreuzgänge überhaupt. Die exakte zeitliche Abfolge der verschiedenen Bauabschnitte ist noch Gegenstand heftiger Kontroversen.

24 *Soria* (Altkastilien), Kathedrale S. Pedro. Vom romanischen Kreuzgang (12. Jh.) sind noch drei Flügel erhalten. Mindestens zwei verschiedene Werkstätten können unterschieden werden.

25 *Neapel,* Santa Chiara, »Chiostro delle Maioliche« (18. Jh.). Berühmt wegen seiner verschwenderischen Ausstattung mit bemalten Kacheln. Das riesige Areal des großen Kreuzgangs (82 × 72 m) wird von einem Netz rechtwinklig sich schneidender Wege zwischen Beeten und Bäumen, Banken und Stützen durchzogen.

26 *Amalfi,* Dom, »Chiostro del Paradiso« (1266–1268). Vor seiner ›Säuberung‹ Anfang der 90er Jahre wirkte der kleine Domkreuzgang wirklich wie ein verlorenes Paradies. Heute beruht seine suggestive Kraft fast ausschließlich auf seiner einzigartigen Hoffassade im normannisch-sikulichen Mischstil.

27 *Chiaravalle di Colomba* (Emilia). Direkte Tochter von Clairvaux. Baubeginn des Klosters zwischen 1160 und 1170. Der im 13. Jh. errichtete Kreuzgang hält sich elegant in der Schwebe zwischen lombardischer Romanik und einsetzender Gotik in Italien.

28 *Moissac* (am Tarn vor dessen Einmündung in die Garonne). 1047 vom clunyazensischen Abt Durand reformiert. Nachfolger Ansquetil ließ den laut Inschrift i.J. 1100 fertigen Kreuzgang erstellen. Im 13. Jh. Neubau unter Verwendung der Säulen und Kapitelle des Vorgängerbaus. Die Skulpturen des Kreuzgangs (Kapitelle und Reliefplatten) markieren einen ersten Höhepunkt der romanischen Kunst.

29 *Soria* (s. 24), Kathedrale S. Pedro.

30 *Pamplona* (Navarra), Kathedrale. Der annähernd quadratische Domkreuzgang (14. und 15. Jh.) ist ebenfalls in seiner Art einzigartig. Der üblichen Folge von spitzbogigen Maßwerkarkarden ist eine gleichlaufende Abfolge von durchbrochenen Wimpergen hinzuaddiert. Auch die Skulptur der einzelnen Kreuzgangsportale ist von höchster Qualität.

31 *Münster,* Dom-Kreuzgang. Wie viele andere Kathedralkreuzgänge unvollständig: nur drei Galerien sind ausgebildet, der Kirchenflügel fehlt. Ende 14. Jh.

32 *Lissabon* (Stadtteil Belem), Hieronymus-Kloster. Für die persönliche Stiftung Manuels I. wurde 1500 der Grundstein gelegt. Beim Tode des königlichen Förderers 1521 waren Kirche, Konvent und untere Galerie des großen Kreuzgangs fertig. Die obere Ambite wurde erst 1591 fertig.

33 *Eberbach am Rhein,* Zisterzienserkloster. Vom gotischen Nachfolgekreuzgang (13. und 14. Jh.) wurden 1802 der Ost- und der Südflügel abgebrochen. Der interessanteste Teil, zumindest für das Auge, ist der vollständig erhaltene Westflügel mit der Abtskapelle und dem Fachwerkgeschoß.

34 *Coimbra* (Portugal), Kathedrale. Die älteste romanische Kathedrale Portugals (1140–1175) besitzt auch einen bemerkenswerten Kreuzgang vom Ende des 13. Jh., dem noch die strenge Formschlichtheit der frühen Gotik anhaftet.

35 *Santuario de la Señora de Guadalupe* (Exdremadura, Spanien). Von den beiden spätmittelalterlichen Kreuzgängen zeigt der von 1389 bis 1406 entstandene große Kreuzgang wie kein anderer den direkten Einfluß der islamischen Kunst. Einzigartig geblieben ist auch der 1405 fertiggestellte Brunnenpavillon.

36 *Verona,* San Zeno. Der ebenfalls an orientalische Höfe erinnernde Kreuzgang von San Zeno hatte eine Reihe von Vorgängern. 1123 erfuhr ein älterer Vorgängerbau eine

Ausbesserung in romanischen Formen. Die heute stehenden Galerien samt Brunnenhaus stammen erst von 1293 bis 1313.

37 *Mont St-Michel,* Kreuzgang von »La Merveille«. Nach dem Brand von 1203 wurde das gesamte romanische Kloster völlig neu am nördlichen Steilhang als Hochhaus über dem Meer errichtet. Wirklich ein Wunder (La Merveille) der Baukunst. Die oberste Etage bildete der unverzichtbare Kreuzgang, gleichfalls ein Wunder an Zerbrechlichkeit, Lichtfülle und Grazie.

38 *Le Puy,* Kathedrale (s. Nr. 14).

39 *Sto. Domingo de Silos* (s. Nr. 23).

40 *Burgos,* Königskloster Las Huelgas, »Las Claustrillas«. Einzig erhaltener Klosterteil aus der Zeit der Gründung durch Alfons VIII. Möglicherweise stammt dieser Kreuzgang von Meister Ricardo, dem der König für seine Verdienste 1203 eine großzügige Erbschaft zukommen ließ.

41 *Elne* (Roussillon), Kathedrale. Der im Grundriß leicht trapezoide Kreuzgang ist durch seinen exellenten Erhaltungszustand ein Hauptwerk der mittelalterlichen Skulptur. Cuxaschule, Meister Raimund von Bianya, Kopisten und nachfolgende gotische Bildhauer können hier nebeneinander studiert werden.

42 *S. Benedetto Po.* Die 984 gegründete Abtei war die reichste Benediktinerniederlassung in der Poebene. Von den drei erhaltenen Kreuzgängen ist der in gotischen Formen errichtete »Chiostro di San Simeone« der eindrucksvollste.

43 *Valpolicella,* heutige Pfarrkirche S. Giorgio 11. und 12. Jh. Nur noch zwei Flügel komplett erhalten. Vom Südflügel stehen noch die Kleinarkarden.

44 *Follina* (Veneto). 1146 als Stiftung für eine Humiliatenbruderschaft gegründet. Später den Zisterziensern angeschlossen. Erst nach 1268 entstand der spätromanische Kreuzgang, der eher an süditalienische Vorbilder als an zeitgleiche gotische Bauten erinnert.

45 *Cuxa* (Roussillon), Benediktinerabtei. Im 10. und 11. Jh. bedeutendstes Kulturzentrum der Ostpyrenäen. Der zwischen 1137 und 1144 von Abt Gregorius in Auftrag gegebene Marmorkreuzgang wurde zum Musterbuch für die damaligen Bildhauer des Roussillon (vgl. Elne, Serrabonne, St-Genis-des-Fontaines).

Glossar

Abakus	Deckplatte über dem Kapitell
Ambite	Umgang, Laufgang
ambivalent	doppelwertig
Ambulatorium	Umgang
Anagogik	Hinaufführung eines Gläubigen/Eingeweihten zur Schau der Gottheit oder göttlicher Wahrheiten
animus socialis	Gemeinschaftsgeist
Architrav	Ursprünglich auf Stützen liegender Horizontalbalken; später aus Stein
Arkade	Auf Säulen oder Pfeilern ruhender Bogen
Cellarium	Vorratshaus
claustrum animae	Seelenkloster
claustrum majus	Der große Kreuzgang in Kartausen
Consuetudo	Auslegung der Regel
coram publico	öffentlich, vor der Öffentlichkeit
disciplina	Disziplin, Selbstbeherrschung
discretio	Maßhaltung, Zurückhaltung, Mäßigung
Dormitorium	Gemeinsamer Schlafraum
extra mundum	Abgegrenzter und abgehobener Eigenbereich
forma unitatis	Verbindliche einheitliche Lebensführung
impluvial	Zum Hof hin geneigte Dachschräge
Infirmerie	Haus für Gebrechliche, Pflegestation, Krankenhaus
intra mundum	Von der Außenwelt abgeschlossene kleine Eigenwelt
Isomorphie	Gestaltgleichheit
Kanoniker	Nach einer Regel – meist der Augustiner-Regel – zusammenlebende Kleriker oder Domherren
klaustrale Anlage	Um einen quadratischen oder rechteckigen Hof herumgebaute Konventsanlage (Klausurgeviert)
Klaustrum	Von lat. clausura = abgeschlossener Raum; das Ausgangswort für das dt. Wort Kloster
Laura, Laurenanlage	Lose und unsystematisch um ein gemeinsames Gotteshaus gescharte Einzelzellen oder Mönchsbehausungen. Mit oder ohne Umfassungsmauer
laus perennis	immerwährendes, ununterbrochenes Gebet
lectio	Lesung, Lektüre
locutio	Gespräch(sphase)
mandatum fratrum	Fußwaschung der Mitbrüder
mandatum hospitum	Fußwaschung der Gäste
meditatio	Meditation, gedankliche Versenkung in ein Thema
Narthex	Der Hauptkirche quergestellte Vorhalle
Noviziat	Wohnheim für die Bewerber für das Mönchtum
oratio	Gebet
Oratorium	Gebetshaus, Bethaus
Ordo	Werterangordnung, Hinordnung alles Weltlichen auf Gott im Mittelalter
orographisch	geländebedingt, -mäßig
Patrozinium	Weihe einer Kirche nach einem bestimmten Heiligen
Peristasis	Säulenkranz des griechischen Tempels
polyvalent	vielwertig
Portikus	Von Säulen getragene Eingangshalle
post festum	Nachträglich, im Nachhinein
Quattrocento	Das 15. Jh. in Italien
Refektorium	Speisesaal der Mönche
silentium	Ruhe, Schweigen
Skriptorium	Schreibstube
stabilitas in congregatione	Durch Gelübde (Profeß) und Regel auferlegte Fixierung des Mönches auf sein Kloster
statio	Sammelstelle für die Mönche vor einer Prozession oder dem gemeinsamen Einzug in die Kirche
via sacra	Heiliger Weg, Prozessionsstraße
villa rustica	Römisches Landhaus, Gutshof
vita activa	Tätiges Leben
vita angelica	Engelsgleiches Leben
vita communis	Zusammenleben in Gemeinschaft
virtus	Tugend
Zönobium	Nach einer Regel zusammenlebende religiöse Gemeinschaft.

Literatur

Rosario Assunto, *Die Theorie des Schönen im Mittelalter,* Köln 1963
Ernst Badstübner, *Kirchen der Mönche,* Wien 1981
Benedikt v. Nursia, *Regula*, Ausgabe u. Übersetzung Basilius Steidle OSB, 4. Auflage, Beuron 1980
Helmut Beumann, »Wissenschaft vom Mittelalter«, in: *Studium Generale,* 1949, Heft 6
Wolfgang Braunfels, *Abendländische Klosterbaukunst,* Köln 1969
Hugo Fischer, *Die Geburt der westlichen Zivilisation aus dem Geist des romanischen Mönchtums,* München 1969
Kassius Hallinger, »Zur geistigen Welt der Anfänge Klunys«, in: *Dt. Archiv für Erforschung des Mittelalters,* Bd. 10, 1954
Rolf Legler, *Der Kreuzgang – Ein Bautypus des Mittelalters,* Frankfurt a. M./Bern/New York/Paris 1989 (Die Eigenzitate sind nicht gesondert kenntlich gemacht)
Pia Louislampe, »Aspekte einer Theorie der Gemeinschaft im Lichte der Basilius-Regel«, in: *Dritter internationaler Regula-Benedicti-Kongreß in Kremsmünster 1980*
Josef Sudbrack, *Kreuzgänge,* Würzburg 1983
Gerd Tellenbach, *»Reformmönchtum und Laien im 11. und 12. Jh.«, in: Cluny,* Darmstadt. 1975
A. A. Viollet-le-Duc, *Dictionnaire Raisonné, Bd. III,* Paris 1858

Register